DAS IST DAS
SAARLAND

Hütten. Schleifen. Schwenkbraten.

Martin Frohmann

DAS IST DAS SAARLAND

Hütten. Schleifen. Schwenkbraten.

REGIONALIA

Bildnachweis

Flickr 4 (Christian Reimer), 14–15 (ders.), 59 (Joseph Dernbecher), 109 (LaurPhil), 110 (LaurPhil), 112 (Lautergold), 117 (Mel), 119 (Tiegeltuf), 121 (Tobias Steffgen), 122 (Tobias Steffgen), 139 (Wolfgang Staudt), 156 (Merle ja Jonaas), 157 (Christian Reimer), 183 (Tiegeltuf), 212 (François Philipp), 231 (Erich Ferdinand), 235 (Wolfgang Staudt), 239 (Alastair Burt), 243 (François Morard), 246 (Michael Rehfeldt), 248 (Christian Reimer), 255 (Norbert Reimer), 264 (Sacromato_hr), 160–161 (Hans A. Rosbach), 240–241 (step5_iceberg)

Martin Frohmann 9, 17, 19, 21, 23, 24, 25, 26 l., 26 m., 26 r., 27, 31 (alle Fotos), 41, 44, 45, 46, 47, 48, 49, 50, 57, 63, 64, 65, 79, 80 l., 80 r., 88 l., 88 r., 89 (alle Fotos), 90, 93, 94 l., 94 r., 95, 95, 115, 116, 125, 126, 129, 131, 135, 136, 141, 144, 145, 164, 165, 171, 193, 194, 207, 211, 215, 257

Andreas Müller 229

Pixabay 224 (Pdimaria), 225 (Geralt), 249 (Rico_23), 263 (Susannabur)

Weltkulturerbe Völklinger Hütte 99 (Franz Mörscher), 100 (Wolfgang Klauke), 101 (Tom Gundelwein), 102 (Franz Mörscher), 104 (Peter Kerkrath), 105 (Gerhard Kassner), 106 (Iris Maria Maurer)

Wikimedia Commons 2 (Lokilech), 13 (Zorro95), 33 (Rüdiger), 35 (Anna16), 39 (Klaus D. Peter), 52, 53 (Web Gallery of Art), 55 (Anna16), 70 (Lokilech), 71 (Lokilech), 73 (Amber16), 75 (Anna16), 76, 85 (Klaus Follmann), 97 (Lokilech), 111 (Michael Jager), 133 (Lokilech), 143 (EPei), 66–77 (Wolfgang Staudt), 127 (EPei), 152 (DrAlzheimer), 155 (Xocolatl), 159 (Thomas Bastuck), 166 (Wolfgang Staudt), 169 (AnRo0002), 174 (atreyu), 178 (Lokilech), 179 (atreyu), 180 (Martin Andres), 188 (Franzfoto), 191 (Lokilech), 198 (Lokilech), 199 (Lokilech), 201 (Arno.Ho), 203 (EPei), 204 (Bundesarchiv, Günter Weiß), 208 (Frank C. Müller), 217 (Lokilech), 218 (Lokilech), 220 (Lokilech), 227 (Silar), 233 (Claus Ableiter), 240 (EPei), 241 (The Yorck Project), 244 (Haffitt), 245 (Lokilech), 247 (Secret Disc), 252 (Anna16), 261 (Cold Chardonnay)

Martin Frohmann: Das ist das Saarland. Hütten. Schleifen. Schwenkbraten.

Copyright © 2016 Regionalia Verlag GmbH, Rheinbach
Alle Rechte vorbehalten

Einbandgestaltung, Lektorat, Korrektorat, Layout und Satz: Handverlesen GbR, Bonn

Coverfotos: Vorderseite Fotolia (Olaf Schulz), Rückseite Wikimedia Commons (Lokilech)

Printed in Bosnia and Herzegovina

ISBN 978-3-95540-235-8

www.regionalia-verlag.de

Inhalt

»Jezz geht's awwer los« 7
   Ein kleines Vorwort

»Das sinn mir« 8
   »Graad zeläzz« oder »Jetzt erst recht«

Dicke Viecher und stämmige Kerle 20
   Von den Dinos zu den Kelten

Mediterraner Eintopf 34
   Römische Suppen in saarländischen Terrinen

Das Kreuz mit dem Kreuz 54
   Die ersten Christen

Walle! Walle, Festungswalle 66
   Das Saarland und seine Wehranlagen

Scheiterhaufen, Mörder und kirchlicher Beistand 74
   Die Hexenverfolgung und ihre Hintergründe

Buddeln, was das Zeug hält 78
   Der Bergbau im Saarland – Geschichte, Standorte
   und Charakteristika

Heiß geht es her 92
   Alchimie in Schmelzöfen

Die (Saar-)Franzosen 108
   Eine kurze Geschichte der Neuzeit

Heulen und Zähnefletschen 114
   Der Wolfspark Werner Freund und andere
   zoologische Perlen im Saarland

»Jedem sei Gärdsche mit Gemies und Blume« 124
   Lustgärten und Gartenlust

Mehr Wanderwege als Straßen 134
    Wälder, Wanderungen und
    eine weltberühmte Schleife

Achterbahnfahrten der gemütlichen Art 142
    Über Berg und Tal zu Seen und Planeten

Stattliche Städte 160
    Die schönsten Orte im Saarland

Gerümpel oder Schätze? 190
    Kleine Museen, wohin man auch schaut

»Wellenreiten« in die ganze Welt? 206
    Das Saarland und seine Medien

Schwenker, Schwenker und ... Schwenker 226
    Savoir-vivre an der Saar oder die Kunst des Kochens

Gaukler, Zauber und Malerei 234
    Kleinkunst, Festivals, Theater und Feste

Reisen im Saarland 242
    Praktisches und Nützliches für unterwegs

Einmal muss Schluss sein 256
    Ein kleines Nachwort

Ausgewählte Webadressen zu hier genannten Themen
und Orten 258

Ortsregister 263

»Jezz geht's awwer los«

Ein kleines Vorwort

Das Saarland ist reich an Edelsteinen, und wer sie alle aufzuheben versteht, besitzt am Ende einen Schatz.

Dieses »leicht« abgewandelte Zitat des britischen Autors Rudyard Kipling *(Das Dschungelbuch)* gilt so auch für unseren Landstrich. Überall gibt es Neues zu entdecken, sprießt bisher Ungesehenes in den Himmel und ist Altes *perdu*. Die Welt ist im Wandel begriffen, ganz besonders hier.

An kaum einem anderen Fleck finden Sie auf so engem Raum Zeugnisse der gesamten Menschheitsgeschichte, wie sie sich in unseren Breitengraden abgespielt hat und dies weiterhin tut: von den Ururkelten mit ihren Menhiren über die Römer und ihre Villen, das Mittelalter mit seinen Burgen und Festungen bis hin zur Neuzeit und Zukunft.

Nirgends sonst sind Schwerindustrie und Natur so eng verwachsen, stehen gewaltige Industriedenkmäler in der Nähe von Premiumwanderwegen.

Das Anliegen dieses Buches ist es, Einblicke in das Wesen des Saarlands und des Saarländers zu schenken und den Leser gleichzeitig aufzufordern, selbst aktiv zu werden. Wandern Sie los, besichtigen Sie, nehmen Sie faszinierende Informationen mit und denken Sie daran: Jeder Tag bietet genug Interessantes für zwei. Oder, wie wir Saarländer sagen: »Hauptsach gudd gess, geschafft hann mir schnell. «

In diesem Sinne wünsche ich Ihnen viel Freude in unserem schönen Saarland.

Ihr Martin Frohmann

»Das sinn mir«

»Graad zeläzz« oder »Jetzt erst recht«

Wir und unser Ländchen

Sollten Sie je vorhaben, unser Bundesland von Nord nach Süd zu durchqueren, um zum Beispiel weiter nach Frankreich zu fahren, schaffen Sie das locker in 45 Minuten. Was in etwa dem Weg von München City bis zum dortigen Airport entspricht. Von Ost nach West benötigt man nicht einmal eine halbe Stunde.

Vom Saarland entdecken Sie dabei nichts außer vielleicht Wald. Wenn Sie jedoch von Saarbrücken aus eine Straße in St. Wendel, Neunkirchen oder einen Platz in Merzig aufsuchen, brauchen Sie dafür Ewigkeiten, auch mit Navi.

Mir kommt mein Saarland wie ein Miniaturwunderland vor, nur im Großen. Unvorsichtige können sich leicht verirren. Wie die bekannten Modelleisenbahnanlagen haben auch wir Züge, einen internationalen Flughafen, Schiffe auf einem Fluss, Tunnel, Gleise und sehr viele Häuser. Daneben aber auch bedeutende Burgen, Schlösschen, Sandsteinhöhlen, Museen, Altstadtgässchen, tolle Lokale, uralte Kirchen, Keltisches und Römisches, ehemalige und aktive Klöster und ganz wichtig: Brauereien. Und wir besitzen nette Details, die zu finden und zu genießen sich lohnt.

Den Geist der Gegend mit seiner Historie und Gegenwart lernt man am besten kennen, wenn man es uns Saarländern gleichtut: schlendern, nicht rasen. Wir haben es uns in unserer Ecke schließlich gemütlich eingerichtet. Wenn ich von Frankfurt, Stuttgart oder Düsseldorf angebraust komme und endlich das Schild »Schön, dass du da bist!« oder den neuesten Werbespruch unserer rührigen Tourismus-Image-Kampagne »Großes entsteht immer im Kleinen« passiere, bin ich von da an mit 130 Stundenkilometern der König der linken Autobahnspur. Sie glauben das nicht? Das ist woanders einfach unmöglich? Willkommen im Saarland.

Leider habe ich den o. g. Slogan nicht so ganz verstanden. Auch wenn dieser Eindruck womöglich leicht entstehen mag –

Unser Ländchen: unendliche Weiten!

wer denkt, wir seien allesamt putzig, weil bei uns alles irgendwie mini erscheint, irrt sich gewaltig.

Vor Jahren suchte die Firma, für die ich damals arbeitete, einen neuen Marketingvorstand. Der Kandidat, für den man sich entschieden hatte, erschien im Mai pünktlich zu seinem Termin. Auf die Frage, ob er sich vorstellen könne, hier zu leben, erwiderte er:

> Ich habe meine Frau in Hamburg bereits angerufen und sie eingeladen. Ich dachte, hier gebe es nur Schwerindustrie und Bergwerke und so. Ich bin über die A1 gekommen und habe nur wunderbare Wälder und Natur pur gefunden. Und heute Morgen spielten Kinder im Park neben meinem Hotel. Nein, ich bleibe und meine Frau kommt nach.

Okay, er hat nicht alles gesehen.

Aber immerhin zählt man das unsere zu den wärmsten Gebieten der Bundesrepublik und laut Statistik vom Frühjahr 2015 leben 97 Prozent der Saarländer gern hier. Und zwar über alle Bevölkerungsschichten hinweg.

Die Zahl 97 gefällt mir außerordentlich gut, denn ich gehöre seit meiner Geburt vor über einem halben Jahrhundert dazu und lebe selbst ausgesprochen gern hier. Man sagt, der Saarländer verreise nur, weil er weiß, dass er wieder nach Hause zurückkehren wird.

Nachdem ich in den 1980er Jahren zum ersten Mal in den USA gewesen war, ereignete sich die folgende Episode.

Zu jener Zeit beschäftigte mich eine Computerfirma in Saarbrücken und mein Büro lag hinter einer großen Glasscheibe zur Straße hin. Eines Tages also kam ein mir bis dato fremder Herr in die Geschäftsstelle und steuerte auf mich zu: »Ich muss es jetzt einfach wissen: Waren Sie vor zwei Monaten in den USA?«

»Hm, ja.«

»Waren Sie im September in San Francisco, oben an der Golden Gate Brücke?«

Ich war nun erheblich vorsichtiger: »Könnte durchaus sein.«

»Dann habe ich Sie doch dort gesehen.«

Ich war etwas verdutzt, aber das Ganze klärte sich schnell auf. Der Herr und seine Frau waren mit einer Bustour durch Amerika gereist und mir dabei am Aussichtspunkt Point Conzelman Road/Kirby Cove – anbei: einem der schönsten Plätze mit Blick auf San

Francisco, die Bay und die Golden Gate Bridge – begegnet. Damals war ich ohne Familie mit meinen amerikanischen Freunden auf Tour gewesen.

»Sie haben nur Englisch gesprochen, deshalb dachte ich, ich hätte mich getäuscht. Aber es ließ mir doch keine Ruhe und so musste ich einfach nachfragen.«

Der Herr arbeitete in dem gegenüberliegenden Gebäude im zweiten Stock und blickte von dort aus quasi auf meinen Schreibtisch.

Und was lehrt uns diese Episode? So klein ist die Welt für uns Saarländer oder: Achtung, wir sind überall!

Die Industrie ist inzwischen Geschichte. Aus Geschichten werden Legenden und aus Legenden Mythen. So sagt man, wir hätten viel Kohlebergbau betrieben, zusammen mit einer florierenden Eisen- und Stahlindustrie. Wir werden uns auf die Suche nach deren Spuren machen und herausfinden, ob dies und der eine oder andere Gemeinplatz tatsächlich der Wahrheit entspricht.

Doch eines gleich vorweg: Manches stimmt in der Tat.

Wir und unsere Sprache

Saarländisches Platt ist manchmal selbst für Insider kaum verständlich. »Ich und du« heißt in Saarlouis beispielsweise »Aisch änn dau«.

Unendliche mundsprachliche Literatur und Wörterbücher sind entstanden, man kann unser Platt wirklich erlernen.

Der Meinung und aller Bestrebungen unserer Provinzregierung zum Trotz sprechen wir kaum Französisch. Bei mir ist nach neun qualvollen Schuljahren außer *Oh là là*, *Champs* Élysées und *Bonjour* kaum etwas hängen geblieben. Allzu gern würde die saarländische Politik die Frankofonie gleichwohl forcieren und plant entsprechende Schritte. Die jüngsten Versuche im Bereich Touristik waren jedoch diesbezüglich leicht verkorkst. Mit viel Tamtam stellte man Hinweisschilder auf den Premiumwanderwegen auf, selbstverständlich nur auf Deutsch. Pardon?

Dafür haben wir Französisch als erste Fremdsprache in den Schulen, was einen Umzug in ein anderes Bundesland nicht gerade erleichtert, wenn man schulpflichtige Kinder hat. Aber wer will hier schon weg? Inzwischen bieten einige Schulen eine Wahlmöglichkeit an, Französisch ist im Rückgang begriffen, was auch immer das für die Zukunft bedeuten mag.

Das Saarländische ist dagegen wieder auf dem Vormarsch, man spricht gerne Platt und zeigt das auch, was nicht zuletzt dem Souvenirgewerbe zugute kommt. Aufschriften wie »Inkaafstasch« auf einer Einkaufstasche oder »Do rinn mit de Kippe« auf einem Aschenbecher erfreuen sich zunehmender Beliebtheit. »Ei gudd dann.«

Wir und unsere Natur

Wie erwähnt ist die Region stark von der Natur geprägt: Sanfte, bewaldete Buckel kennzeichnen sie, manche künstlich, zahlreiche vulkanisch, doch alle glockenförmig. Landwirtschaft existiert noch in jedem Dorf; man kann bei uns tolle Wanderungen machen, und über die kurzen Distanzen zu einer Kneipe oder Rostwurstbude, einem gemeinhin aussterbenden Vorläufer der Kebabstände, darf man sich unterwegs freuen. Meist liegen diese nämlich gleich um die Ecke – logisch, denn weit weg kann bei uns ja kaum etwas sein.

Im Südwesten der Bundesrepublik gelegen, eingerahmt von Frankreich, Luxemburg und Rheinland-Pfalz, schmiegt sich das Saarland idyllisch in die Landschaft, passt sich so perfekt an, dass man es leichthin übersieht. Das gilt insbesondere auf dem Weg nach Paris. Daher fahren offenbar die Intercityzüge von Frankfurt zur Seine-Metropole manchmal lieber über Straßburg und hängen uns ab. Man gelangt in einer Stunde und 55 Minuten vom Herzen Europas direkt mitten ins Getümmel der typischsten aller französischen Großstädte, zum Pariser *Gare de l'Est*. Da die Züge eh unregelmäßig fahren, konzentrieren wir uns lieber auf das eigentliche Kerngebiet der Lebenslust: unser Saarland eben.

Wo Hügel sind, sind auch Täler. Die unsrigen werden von Gewässern gebildet, ab und zu schneiden sie richtige Schluchten in die Felsen.

Überraschung: Nicht die Saar ist der längste Fluss hierzulande, nein, es ist ... die Blies. Über 97 Kilometer schlängelt sie sich aus

Der längste Fluss des Saarlands: die Blies.

dem Norden von der Quelle bis zur Mündung im südlichen Land in die Saar. Sie sprudelt zuerst ins Landesinnere nach Frankreich hin, um sich später mit ebenjener Lebensader des Saarlands zu vereinigen; der mächtige Strom fließt hingegen nur 68 Kilometer durch die Region. Ich muss dazu aber anmerken, dass die Landesgrenzen früher praktisch in jeder Dekade verschoben wurden, bis zur vorerst endgültigen Festlegung von 1955. Somit kann im Grunde nur gesagt werden, dass die Blies das Privileg, der längste Fluss des Saarlands zu sein, nicht seit ewigen Zeiten genießt. Das war früher ganz anders, so wie sowieso früher alles ganz anders war.

Fast schon an der Grenze zu Rheinland-Pfalz, Richtung Trier–Mosel, liegt jedoch unser echtes Wahrzeichen. Nein, es ist kein Ring Lyoner – auch wenn es da gewisse Ähnlichkeiten in der Form geben mag ... – und, nein, auch keine Flasche Maggi. Es ist die Saarschleife. Der Fluss durchläuft an diesem Ort eine Biegung, so als ob er noch rasch nachdenken müsse, ob er diese wunderschöne Gegend wirklich verlassen möchte.

Nun, nach reiflicher Überlegung tut er es dann doch. Er wandert weiter nach Saarburg und dort in die Mosel, über den Rhein in die Nordsee, bis hin zu den Polen und den Pazifischen Inseln. Die Saar ist überall. Zumindest im Eis am Südpol hat man Staubpartikel gefunden, die nur von der Eisenproduktion in Dillingen herrühren können, angeblich.

Wer zum ersten Mal zu uns kommt, der wird sich über die überwältigende Natur wundern. Wer hier lebt, dem fällt es gar nicht mehr auf.

Folgt man der A620 von Saarbrücken nach Luxemburg, wird man überrascht sein, dass einen unmittelbar nach den Eisenhütten in Völklingen praktisch nur noch farbenprächtige, bewaldete

Blick von der Cloef über die im Nebel versunkene Saarschleife und die bewaldeten Hügel des Saarlands.

Hänge begleiten – solange man nicht in den Wintermonaten dort entlang fährt, da ist es eher trist und grau.

Und dass es in den Hainen so bunt zugeht, verdanken wir den Fürsten und Grafen von Saarbrücken, den Nassauern. Diese setzten anstatt auf Quartalszahlen auf Generationen – ein Prinzip, das sich die Wirtschaft ruhig wieder angewöhnen könnte.

Die Forstverwaltung hat demnach früh angefangen, Mischwälder anzupflanzen: Tannen, Kiefern, Buchen und Eichen, Birken, Eschen, Linden und Kastanien. Die Laubbäume überwogen, allen voran die Buchenarten.

Die Forste sind längst keine Urwälder mehr, sondern gepflegte und gehegte Gärten, nur ein bisschen größer und schon seit ewigen Zeiten unter der Fuchtel erfahrener Waldhüter. Im Agrarfachjargon sagt man zum Baumfällen auch gerne »Ernten«. In den 1990er Jahren tobten einige Orkane über das Land. Insbesondere »Wiebke« 1990 hatte ein heftiges Temperament. Während dieser Sturm das Nachbarland fast platt wirbelte, blieben die Schäden bei uns allerdings noch relativ gering. »Wiebke« hat jenseits der Grenzen ganze Waldungen entwurzelt und auch bei uns Lücken hinterlassen. Allerdings weit weniger als in Frankreich oder Rheinland-Pfalz.

Nördlich von Saarbrücken bei Riegelsberg und Neuhaus hat sich noch ein Stückchen Natur erhalten: Wald, wie er naturbelassener kaum sein kann. Und weil das, was wir tun, immer mehr als hundertprozentig ist, gibt es einen Premiumwanderweg, der durch diesen Dschungel führt.

Wir, unsere Industrie und unsere Stadtkultur

Entlang der Saar haben sich im Laufe der Zeit die wesentlichen Industriezentren angesiedelt: Neben der Landeshauptstadt mit einem der größten Getriebewerke Deutschlands, finden wir da Völklingen und Dillingen jeweils mit Eisen und Stahl, Saarlouis mit Automobilindustrie und Mettlach mit Keramik. Die Eisenzeit in Neunkirchen und Saarbrücken ist vorüber, ebenso das gesamte Kapitel Kohlebergbau. Apropos, »Bergbau« impliziert ja, dass man eben »Berge baut« und nicht, dass man Löcher in sie hineingräbt. Und genau das haben die Gruben auch getan: Rund um Völklingen, das nördliche Saarbrücken, Dillingen und im Landesinneren bei Dudweiler oder Püttlingen ragen nämlich, im Gegensatz zum mittleren und westlichen Landesteil, keine Vulkankegel aus dem Boden – es sind vielmehr Schlacke- und Geröllhalden, auf denen man das abgeladen hat, was man aus dem Inneren der Schächte ans Tageslicht beförderte und was mehr oder weniger unbrauchbar erschien. Auf Neudeutsch nennt man das »Terraforming«. Gigantische Bergmassive sind so entstanden und manche erweisen sich heute als wunderbare Naturräume.

Doch kehren wir jetzt ein in die gastfreundlichen Ansiedlungen Einheimischer und Zugezogener.

Die Städte haben sich behagliche Ortskerne eingerichtet, in welchen man vortrefflich flanieren kann. Neben dem Hochziehen von einst hypermodernen Neubauten (Typ 70er-Jahre-Betonsparkasse, oftmals in dezentem Braun oder Orange gehalten) wurde meist

Zahlreiche Fördertürme sind im Saarland noch zu sehen, wie hier in Quierscheid.

Wert auf die Erhaltung von antiker Bausubstanz gelegt. Ob in Saarlouis, Ottweiler, St. Wendel, Neunkirchen oder Saarbrücken, bei sonnigem Wetter lohnt sich ein Bummel durch die Innenstädte allemal. Und bei Regen findet man bequem Platz, um einen Latte macchiato oder ein exzellentes Eis zu genießen.

Das Saarland ist ein Gourmetland, einige Sterneköche sind bei uns zu Hause. Das Motto heißt: »Enfach gudd gess!« Böse Zungen behaupten: »Aber nur um 12!« Womit gemeint ist, dass der Saarländer an sich gern um die Mittagszeit zu speisen wünscht und keine Minute später. Eine Tradition, die der Zugezogenen wegen leidlich verwässert wird.

Das »gudd Gess« bezieht sich nicht nur auf die Portionen, die stets üppig ausfallen, sondern auch auf die rustikale Bauernküche mit bewährten lokalen Rezepten und Zutaten. Was den geschmacklichen Gehalt der Mahlzeiten in Wirtschaften angeht, sind praktisch alle Restaurants zu empfehlen. Ich habe bisher noch keines gefunden, dessen Besuch ich bereut hätte. Also im Saarland, meine ich.

Zum Ende hin empfiehlt sich ein »Willi«, ein besonderer Schnaps aus der Williams Christbirne. Er regt die Verdauung an. Eine Alternative dazu wäre ein »Quetsch«. Wenn Sie nicht wissen, was das ist, probieren Sie dieses köstliche Destillat. Aber gleich schlucken, nicht im Mund zergehen lassen, glauben Sie mir einfach.

Bereitwillig nehmen wir auch Grappa oder die deutsche Variante, den Trester, zu uns, solange er aus einer Rebsorte gebrannt ist. Hauptsache, er hat 45 Prozent und mehr. Aber Vorsicht, wir Saarländer sind bei Schnäpsen Experten und sehr wählerisch, unseren Gästen bieten wir nur das Beste. In der Regel sind die Hochprozentigen selbstgebrannt, in einer der zahlreichen Destillerien mit offizieller Brenngenehmigung, versteht sich.

Saarländische Stadtkultur:
sommerlicher Blumenschmuck
in Saarbrücken.

Dicke Viecher und stämmige Kerle

Von den Dinos zu den Kelten

Starten wir die Reise in dieses gelobte Land Jahrtausende v. Chr., sehr viele tausend Jahrtausende, um genau zu sein.

Das Gebiet ist seit undenklichen Äonen ob seiner günstigen Lage bekannt. Das wussten auch die Riesenechsen, die sich hier gerne in den kuscheligen Nadelwäldern und Palmenhainen zum Sterben versammelten, sich in Sümpfe warfen oder unter modrigen Baumstämmen begruben, um sich gemütlich in Steinkohle zu verwandeln. Das meiste davon ist in den Schloten und Essen der Eisenschmieden verbrannt worden, eigentlich jammerschade. Eisen wurde hier im Übrigen bereits von den Kelten gefördert und verarbeitet, wie einige historische Funde beweisen. Sie waren es, die ... doch der Reihe nach. Kurz und gut, bei uns geht es seit Urzeiten rund, darum beginnen wir auch beinahe direkt nach dem Urknall – na ja, ein bisschen später, aber da lebten sie dann schon: die Dinosaurier. Was heißt hier »lebten«, also im Präteritum? Sie leben immer noch.

Tyrannosaurus Rex und Co.

Von wegen ausgestorben. Sie sind quicklebendig! Zwar segneten sie tatsächlich reihenweise vor etlichen Millionen Jahren das Zeitliche, doch nur um uns Einkommen zu garantieren. Denn das Saarland kam auf die geniale Idee, ihnen ein Museum zu widmen. Und hier, glauben Sie mir, sind die gigantischen Dickhäuter wieder zum Leben erwacht. Ausstellungen von Plastiktieren, auch wenn sie mittels Lautsprechersystemen herumbrüllen, gibt es wahrlich genug, zum Beispiel gleich im Nachbarstädtchen Kaiserslautern, wo die synthetischen Urviecher heute noch im Gestrüpp versteckt auf dem Dinolehrpfad herumstehen (nebenbei bemerkt: ein erstklassiges Ausflugsziel, wenn man kleine Kinder hat). Auf dem Gelände der ehemaligen Grube Reden entstand dagegen etwas völlig Neuartiges, das in der Tat seinesgleichen

Diesem urzeitlichen Dickhäuter möchte man nicht in freier Wildbahn begegnen: ein Spinosaurus im Prähistorium Gondwana.

sucht: Gondwana, das Prähistorium – ein urzeitliches Reich, das einen still danken lässt, dass es heutzutage nicht mehr ganz so gefräßig zugeht. Trotz vormaliger Gerüchte um eine drohende Schließung ist es ein Publikumsmagnet, die Investitionen haben sich gelohnt. Waschechte Modelldinos bewegen sich, kämpfen miteinander, fauchen, erschrecken, gruseln und zeigen das vorsintflutliche Saarland in atemberaubenden Animationsshows. Monströse Libellen und eben Dinosaurier mit einem erstaunlichen Besteck im Maul warten darauf, endlich einen Besucher zu verschmausen. Wie Matthias Kuhl von der Geschäftsleitung garantiert, gab es bisher glücklicherweise kaum nennenswerte Verluste. Die Kids dürfen in dem angegliederten Dinospielpark einem T-Rex den Buckel runterrutschen. Für uns Erwachsene ist das weniger empfehlenswert, ich war danach ein Fall für den Physiotherapeuten.

Da ist es für uns Ältere ratsamer, geborgen unter dem Skelett eines Argentiniers, eine köstliche Tasse Espresso und ein Stück Kuchen zu genießen. Der aus Fieberglas nachgebaute gigantische Argentinosaurus, eine der ehedem größten Kreaturen, ist 8 Meter hoch und über 30 Meter lang. Der Koloss wog annähernd 100 Tonnen, als er zu Lebzeiten durch das südamerikanische Patagonien stampfte!

Am 13. Dezember 2008 – zum Glück war es kein Freitag, sondern ein Samstag – eröffnete Al Gore, seines Zeichens Friedensnobelpreisträger und ehemaliger Vizepräsident der USA, höchstselbst und exakt unter ebenjenem ungeheuren Knochenhaufen die Ausstellung. Zusammen mit dem international wesentlich bedeutenderen damaligen Ministerpräsidenten unseres Ländchens, Peter Müller, uns Saarländern bestens als Pit bekannt.

Von Beginn an legte man viel Wert auf Details, was bis heute so geblieben ist.

»Wir sind kein Freizeitpark im eigentlichen Sinne«, versichert Silvia Faletto, die Empfangschefin, und auch der Museumsleiter Matthias Kuhl betont die wissenschaftliche Ausrichtung der Anlage.

Das wiederum bestätigt Dr. Andreas Braun, der zuständige Chefpaläontologe. Und er muss es wissen, schließlich hat er Teile davon mitgestaltet. So stammen die programmtechnisch auf den Millimeter punktgenauen Bewegungsabläufe der wuchtigen

Das Prähistorium Gondwana ist weit mehr als ein herkömmlicher Freizeitpark.

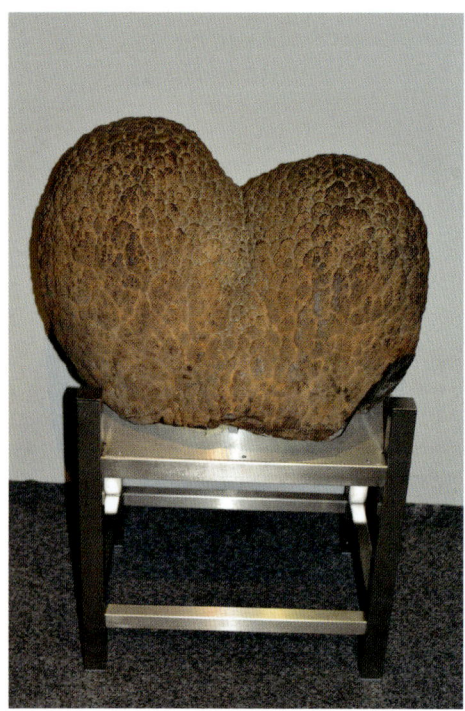

Der spektakuläre Stromatolith: ein biogenes Sedimentgestein, das durch Mikroorganismen entstanden ist, die sich zusammengeschlossen haben.

Animationsroboter von ihm. Er klärt mich umgehend auf: »Nach dem Urknall kamen über Milliarden von Jahren zunächst nur Einzeller, winzige Lebewesen, die sich nach und nach zu einem Konglomerat zusammenschlossen, was sehr schön an dieser herzförmigen Versteinerung zu sehen ist.« In einer Ecke hinter dem Eingang thront ein sogenannter Stromatolith, der mich eher an ein Hinterteil erinnert als an ein Herz. »Ich wusste gar nicht, dass Bakterien so groß werden können«, gebe ich zu.

»Das sind unzählige Einzeller«, erklärt mir der Wissenschaftler geduldig, »die sich halt zusammengeschlossen haben, gestorben sind, auf deren Leichen sich neue Bakterienkulturen angesiedelt haben und so weiter. Die Erde wurde nicht von Dinosauriern erschaffen und geformt, sondern von klitzekleinen Organismen, Amöben, Glockentierchen und Algenzellen.«

Paläontologe Dr. Andreas Braun mit einem prähistorischen Fund: einem Stück Muschelkalk mit Spuren urzeitlicher Lebensformen.

Unwillkürlich fällt mir der Satz der saarländischen Werbekampagne ein: »Großes entsteht immer im Kleinen.« Nun ja, ob die das so gemeint haben?

Begeistert zeigt Andreas Braun die Ausbeute der heutigen Expedition, einen unscheinbaren weißen Stein. »Da sind unübersehbare Zeugen ehemaliger Lebensformen drauf, man glaubt es kaum.« Unter dem Mikroskop erscheinen kristallene und skelettierte Formen.

»Wo haben Sie das gefunden?«, frage ich neugierig.

»Gleich hinter dem Haus, an der Mauer«, kommt die lapidare Antwort. »Muschelkalk, unglaublich wertvoll für uns Forscher.« Da schlüpft ein Junge zu ihm. Dr. Braun will mit ihm echte Fossilien präparieren. Doch zuerst steht der Steppke staunend und mit offenem Mund vor dem Schädel eines Cro-Magnon-Menschen,

▲ Ein Tyrannosaurus lässt sich seine Beute schmecken.

Nun ist er gesättigt. ▶
Fürs Erste.

der dunkelbraun im Licht schimmert. Nach einiger Zeit meint der Knirps zerknirscht: »Okay, Papa, ich glaube, ich putze meine Zähne ab jetzt gründlich.« In der Tat kann man die Spuren einstmals sicher sehr schmerzhafter Entzündungen im Kieferbereich unseres frühen Vorfahren feststellen.

Die Ausstellung beginnt mit einem 3D-Kinofilm, der die Entwicklung irdischen Lebens vom Urknall bis heute anschaulich dokumentiert. Danach führt der gut ausgeschilderte Pfad in eine Sumpflandschaft, wie sie ähnlich auch bei uns hinter dem Haus zu finden ist. Zugegeben, die Insekten daheim sind eine Spur kleiner, aber so viel nun auch wieder nicht.

Urplötzlich droht die Begegnung mit einem Tyrannosaurus Rex. Pst! Nicht atmen, ganz ruhig, jede hektische Bewegung vermeiden, das haben wir ja im Kino gelernt. Solange das Biest seine Beute verspeist, ist es beschäftigt.

An der Hand von Frau Faletto habe ich keine Angst. Im Gegenteil, sie hat es geschafft, das Monster zu zähmen, und so darf ich es als einer der wenigen Besucher streicheln. Und was soll ich sagen? Die Haut fühlt sich an wie … na ja, so wie man sich die von einem Dinosaurier halt vorstellt.

Es folgen noch mehr gigantische Dioramen, die einem plastisch zeigen, wie es damals zuging: fesselnd und dramatisch.

Das Beeindruckendste ist für mich der zweite Teil des Komplexes. Dank eines Tickets der Zeitexpress Reiseagentur, kurz Z.E.R.A. genannt, betrete ich – für eine Einrichtung, die sich der Erdgeschichte widmet, eher ungewöhnlich – die Raumstation ISS.

Augenblick. Wo bin ich? Schwebt da ein Astronaut? Und was verbirgt dieser multidimensionale Strudel, der mich gerade verschlingen will? Hilfe ...

Was folgt, ist so aufregend, dass ich glatt vergessen habe, darüber zu schreiben, das müssen Sie selbst erleben, meine Damen und Herren, liebe Kinder: Geschichte im Maßstab 1:1, mit garantiertem Wow-Effekt.

Soeben habe ich einen Kampf der Dinosaurier knapp überlebt und die Attacke des kolossalsten, putzmuntersten Raubtiers der Welt, wenn auch mit einem gehörigen Schrecken. Im Ernst, da kann der »Jurassic Parc« einpacken.

Nun erst wird mir klar: Ich befinde mich im weltgrößten Museum dieser Art. Und das steht mitten im Saarland!

Zum Glück bleibt noch etwas Zeit, um Fragen zu stellen, und Silvia Faletto und Dr. Braun beantworten sie alle geduldig.

»Schade, dass die Viecher vom Erdboden verschwunden sind«, keuche ich atemlos.

»Nicht ganz«, erklärt mir der Paläontologe. »Sie leben heute noch.«

Ja, ja, das muss er wohl sagen. Ich hake nach: »Die Jagd nach dem dicksten Dino ist ja schon spannend, aber wer war der Kleinste?«

Ohne das geringste Zögern erhalte ich prompt die Antwort: »Der Kolibri.«

»Wie bitte?«

»Vögel sind die legitimen Nachfahren der Dinosaurier.«

Da fällt mir ein: Was haben meine Kids im Neunkircher Zoo noch mal zu mir gesagt, als wir so nahe an den Emus standen? »Guck mal, Papa, denk dir die Federn weg und sieh sie von den Füßen bis zum Kopf an: leibhaftige Dinos.«

»Da ist was dran«, überlegt Doktor Braun. »Schließlich haben wir auch versteinerte Exemplare mit einem Federkleid gefunden. Wenn wir Werbeveranstaltungen auf Marktplätzen machen«, fährt der Wissenschaftler fort, »dann mit Gondi, einer Handpuppe. Vor Kurzem sahen mir neben den Schulkindern auch zwei ältere Frauen zu, bis die eine letztendlich meinte: »Ich habe ja gedacht, die wären ausgestorben.«

›Was fressen die denn?‹, wollte eine andere Dame wissen.

›Der hier ist Vegetarier‹, erklärte ich ihr.

›Oh, und wann hat das putzige kleine Kerlchen das letzte Fresschen bekommen?‹

›Das muss lange her sein‹, gab ich schmunzelnd zu. Die Dame marschierte schnurstracks zu einem Gemüsestand und kaufte einen Salat für die Puppe.«

Das wundert mich schon, wie kann man nur so naiv sein? Dinos und Salat, also ehrlich.

»Immerhin wurden in versteinerten Kotballen Überreste von Gräsern entdeckt, von denen man annahm, dass sie erst Millionen Jahre später auf der Erde entstanden seien. Eine Sensation!«

Ich bin fassungslos: »Sie wühlen in Dinosch...«

»Aber ja, wir haben einige echte Versteinerungen von Kotballen da, wollen Sie mal sehen?«

»Ein andermal«, entgegne ich rasch.

»Eigentlich sind Fossilien und die Kohle hier ein Ding der Unmöglichkeit«, klärt mich der Forscher auf. »Damit sie entstehen, müssen Tiere so gestorben sein, dass sie von Schlammmassen begraben wurden. Anschließend musste diese Schicht so tief wandern, dass der Druck darüber ausgereicht hat, sie zu versteinern oder zu Kohleflözen zu pressen. Und schließlich müssen die Überbleibsel auch wieder hochkommen und von einem Menschen gefunden werden. Insgesamt eine Summe von Unwahrscheinlichkeiten und im Grunde eigentlich unmöglich.«

Wahrlich, an diesen Ort muss ich noch einmal zurückkehren. Und ich darf die Mohrrüben und den Fenchel nicht vergessen, das mögen nicht nur unsere Meerschweinchen besonders gern. Auch die meisten Dinosaurier hier leben vegan.

Meere, Ozeane und Kohle

Nach den Dinos kam das Wasser – Salzwasser, genauer gesagt – und prägte das Land, begrub die uralten Wälder noch tiefer und presste die Fasern zusammen. Unter Ausschluss von Sauerstoff und jedweder mathematischen Wahrscheinlichkeit wandelte sich die Matsche mehr und mehr zu den heutigen Flözen, was ja nahezu unvorstellbar ist, wie wir eben gelernt haben. Aber für uns Saarländer ist alles möglich. Man könnte auch sagen, wir machen jeden Blödsinn mit.

Vielleicht darf ich anmerken, dass sich das Saarland in dieser Ära gar nicht hier befand, sondern etwas weiter weg, abseits, südlich, auf der Höhe von Kairo. Und Kairo lag damals irgendwo bei Südafrika. Es war halt vieles anders. In den kommenden Äonen wanderte unser kleines Land seelenruhig zu seiner heutigen Lage. Sollten Sie dieses Buch von heute an gerechnet in – sagen wir – 25 Millionen Jahren lesen, wird es wieder anderswo sein.

Im Bliesgau stößt man daher auf Muscheln, da das Saarland in jenem lauwarmen Atlantik ein Korallenriff war. Das Schwimmen dort muss im Vergleich zu dem im eiskalten Bostalsee herrlich gewesen sein, wenn da nur nicht diese gefräßigen Monster gelebt hätten.

Geologisch nennt man die Gegend das »pfälzisch-saarländische Muschelkalkgebiet«, obwohl es bis nach Lothringen und in das Krumme Elsass hineinreicht. Dieses heißt tatsächlich so – angeblich, weil es hügelig und buckelig ist, andererseits aber auch, weil es eine kurvige Grenze zum Nachbarn hin hat. Bei Blieskastel geht der Buntsandstein – vermutlich ehemalige Bodensedimente eines großen Sees oder Ozeans – in den sogenannten Muschelkalk über.

Nun eignen sich Muschelschalen nicht unbedingt als Grundlage für Kohleflöze, aber man kann wunderbar Häuser daraus bauen, das wissen nicht nur Schnecken. Und so können wir mit Fug und Recht behaupten, dass wir die Korallenriffe von damals wiederbelebt haben. Wenn auch etwas anders.

Nach der Epoche der Weltmeere brodelten Vulkane, sie hoben das nördliche Saarland, fauchten vor allem in der Eifel Gift und Geifer und sammelten fleißig Magma in gewaltigen unterirdischen Kammern an. Noch heute gilt dieses Gebiet als höchst vulkangefährlich. Die Region gehört zur bestuntersuchten und mit den meisten Messgeräten versehenen Vulkanregion der Welt. Es heißt, dass die Vulkankrater erloschen sein sollen, aber so ganz können sie ihre Umtriebe nicht lassen. Das Schaumbergbad in Tholey beispielsweise (siehe Seite 146 f.) erwärmt sein Wasser dank der Hitze aus dem Berg. Hier kann man im Winter draußen schwimmen. Man sieht zwar kaum etwas, weil die aufsteigenden Dämpfe des Pools nebelig die Sicht versperren, doch ist es ein außergewöhnliches Erlebnis, im warmen Schwimmbecken zu sitzen – mit Eiszapfen im Haar.

Im Saarland vorkommende Gesteinsarten, zu besichtigen im Garten Finkenrech.

HOLZER KONGLOMERAT

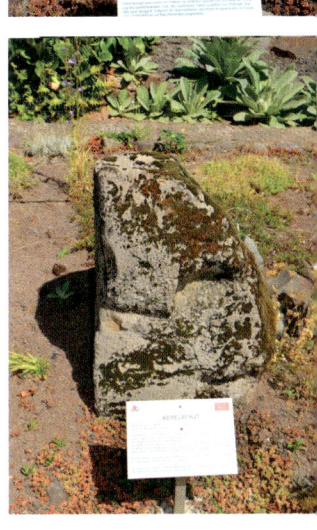

RHYOLITH

Die ersten Menschen an der Saar

In der Frühgeschichte, schon 6 000 v. Chr., siedelten nachweislich Menschen, die eine beachtliche Technik beherrschten, auf dem Gebiet des heutigen Saarlands. In den Steinbrüchen des Bliesgaus kann man noch sehen, wie sie ihre Menhire gebrochen haben (sollen). Sie schlugen Löcher in die Felsen und gossen angeblich Wasser hinein, dann sollte das Eis die Steine von der Wand trennen. So hat es unsere Grundschullehrerin 1971 erklärt, so richtig glauben mag ich das nicht. Wer jemals ein Loch in einen Stein geschlagen hat, weiß, was ich meine.

Bei Blieskastel ragen etwa 6 Meter des Gollensteins aus der Erde. Mit insgesamt 7,80 Metern gilt er als der größte Hinkelstein Mitteleuropas. Und ist 4 000 Jahre alt, Respekt. Auf dem heutigen Blieskasteler Berg nordwestlich des Stadtzentrums gelegen, gilt er als Wahrzeichen des Barockstädtchens. Im Krieg wurde er leider beschädigt, jedoch nicht von Bomben, sondern durch die ausnahmsweise wohlmeinende Absicht der deutschen Wehrmacht, ihn zu schützen. Es bestand wohl nicht zu Unrecht die Vermutung, er könne feindlichen Fliegern als Landmarke dienen, was man unterbinden wollte, ohne jedoch den Stein zu zerstören. Also grub man einen Graben, legte Heu in die Kuhle und kippte ihn um. Dabei zerbrach er allerdings dann doch. Tja. Ich sage ja immer: Es lohnt sich, ein bisschen Mathematik zu beherrschen. Denn: Das Loch war zu kurz geraten. Der Monolith schlug mit der Spitze auf der Kante auf. Schade drum. In den 1950er Jahren fügte man ihn mit Beton zusammen und stellte ihn an seiner alten Stelle wieder auf. Da zerbrochene und geflickte Menhire aber kaum mehr Zauberkraft besitzen, treiben sich dort nur noch selten neokeltische Wirrköpfe herum, um dem ursprünglichen Ahnenkult zu huldigen.

Den ungewöhnlichsten Lagerplatz hat sich Gollensteins Pendant ausgesucht. Es ist wahrlich unglaublich, doch er steht mitten in einem Dorf. Rentrisch bei St. Ingbert beherbergt den Spellenstein. Einst am Rande der Stadt gelegen, wurde das ehemalige keltische Heiligtum mehr und mehr von Häusern umbaut. Inzwischen befindet sich das umliegende Gelände in Privatbesitz und wird liebevoll gehegt. Dort thront der Menhir nun inmitten eines Vorgartens.

Der Gollenstein bei Blieskastel.

Niemand weiß genau, was dieser Brocken dort eigentlich soll. Er ragt über 5 Meter aus der Erde und – Achtung – ca. 1,20 Meter tief in den Boden hinein (!), frostsicher. Ja, im Fundamentbauen sind wir Saarländer seit jeher Experten.

Und schon umgibt uns ein Gewirr von Menschen, Rassen und Kulturen. Gemeint sind die Kelten, unsere direkten Vorfahren. Wann sie auftauchten und wieder verschwanden, ist nicht so ganz geklärt. Ich behaupte ja: Wir sind immer noch da, wir waren nie weg. Das hat mir vor allem die Ausstellung »Kelten« in der Völklinger Hütte gezeigt. Man stelle sich folgende Exponate zwischen den gewaltigen Maschinen der ehemaligen Gasturbinenhalle des Eisenwerks vor: eine Kutsche mit Holzrädern, einen Sarg, ein prunkvolles Kleid und etwas Schmuck. Titel: »Grab einer Keltenfürstin, vermutlich um …« Wir kennen nicht einmal die Namen. Und gäbe es *Asterix* nicht, wüssten wir kaum, wie Druiden ausgesehen haben mögen. In jener besagten Schau gab es allerdings nur ein einziges Relikt, das auf einen Druidenkult schließen lassen könnte: einen eisernen Haarkranz. Mehr nicht. Wir sind auf Spekulationen und ebensolche Thesen angewiesen. Ich liebe die Zeit der Kelten. Ihr Einfluss auf das Saarland und seine Geschichte war enorm.

Mediterraner Eintopf

Römische Suppen in saarländischen Terrinen

Zweifellos kamen mehr Menschen von unten zu uns als von oben. Während die Wikinger Paris über die Seine erstürmten, orientierten sich die Feldherren aus südlichen Landen am Rhein, bogen meist die erstbeste Abzweigung links ab und – schwupp – campten sie vor unseren Landesgrenzen.

Immer eins aufs Dach

Und so führte der Weg aus Südeuropa alle Eroberer früher oder später durch das Saargebiet, Elsass und Lothringen. Denn weiter westlich liegt der Atlantik und im Osten versperren die Alpen ein Fortkommen der Armeen – zugegeben, einer wagte sich dort voran, sogar mit Elefanten, auch wenn davon nur einer überlebte, aber es war auf jeden Fall recht mühselig.

Eingerahmt vom Rhein rechts und den Vogesen sowie den Ardennen links bildete unser Flecken ein Nadelöhr. Immer wenn sich hier eine Kultur ausbreitete, wurde gebrandschatzt, alles Mögliche zerstört und dann zogen die Barbaren von dannen. Wer nicht von Süd nach Nord gereist war, kam von West oder Ost. Dummerweise standen wir jedes Mal im Weg. Meine Vorfahren bauten zwar fleißig wieder auf, doch leider meist vergebens.

Wer oder was war dieses Volk der Kelten denn nun? Genau weiß man das nicht, im Grunde bezieht man diesen Begriff oft auf das gesamte Sammelsurium von Menschen in ganz Mitteleuropa in der Eisenzeit. Da gab es zunächst die Gallier, die das Gebiet um Frankreich, Belgien, Luxemburg und das Saarland bevölkerten. Julius Cäsar, der Erfinder des gleichnamigen Monats und unpraktischen Kalenders, teilte die Kelten in viele kleine Splittergruppen ein, so nachzulesen in seinem Werk *Der Gallische Krieg*. Der große Stratege, der von sich selbst oft in der dritten Person sprach, nannte die Kelten »Mediomatriker«. Warum nicht? Das klingt irgendwie hochwissenschaftlich, so, als seien sie etwas

Ein Relikt unserer keltischen Vorfahren: die Mithrasgrotte auf dem Halberg bei Saarbrücken.

Geheimnisvolles, äußerst Akademisches. Doch dem war nicht so. Ihre Hauptansiedlung war ein Örtchen namens *Divodurum Mediomatricum*. Da dies als Stadtname denkbar ungeeignet erschien, nennen wir es heute lieber Metz. Diese Stadt sollte noch eine entscheidende Rolle in der Entwicklung und Christianisierung des Saarlands spielen. Die Kollegen um Trier hießen übrigens Treverer. Damit können wir Mediomatriker, glaube ich, ganz gut leben.

Einige seltsame keltische Dinge sind heute noch vorhanden. Zumindest redet man darüber, manchmal. So sagt man, dass am 24. Dezember die Wintersonnenwende gefeiert wurde und die Kelten dazu Äpfel an Tannenbäume hängten und die Behausungen mit bunten Lichtern schmückten. Das kommt mir irgendwie bekannt vor.

Der Chronist unseres Bundeslandes ist Karl Lohmeyer. Er tat es den Gebrüdern Grimm gleich, reiste durch die Dörfer und sammelte Sagen und Legenden, die er 1954 in einem Buch veröffentlichte (siehe Seite 225). Darin weiß er auch zu berichten, dass es unter einem sogenannten »Kaltenstein« auf dem Hoxberg bei Lebach reichlich Silber und Gold zu finden gebe, welches die heidnischen Kelten ihren Göttern geopfert haben sollen. Druiden hätten die Schätze dort vergraben. Das Christentum räumte mit dem Ammenmärchen auf, selbstredend ließen sich die Lebacher aber nicht so leicht beirren. Wenn die Glocken der Dreifaltigkeitskirche an einem Karfreitag von allein zu läuten beginnen, würden sich die Steine dreimal um die eigene Achse drehen und den Schatz freigeben, so hieß es dort. Elektrischer Antrieb des Gebimmels gilt nicht. Zudem ist der ehemalige Kirchenbau im Dreißigjährigen Krieg geplündert worden, wen wundert's? Später hat man das Gebäude zwar zaghaft restauriert, allerdings hat Napoleon es dann erneut zerstört. 1882 schließlich baute die Gemeinde eine neue Kirche mitten im Städtchen. Nun haben die Zwerge, denen die Reichtümer angeblich gehörten, nichts mehr zu befürchten: Die Felsen werden nicht rotieren und schon gar nicht an einem Karfreitag.

Auf dem Halberg bei Saarbrücken findet sich ebenfalls ein Relikt keltischen Ursprungs, die Mithrasgrotte (siehe Abb. Seite 35).

Der Mithraskult, der zu seiner Blütezeit im gesamten Römischen Reich verbreitet war, ist ca. 100 Jahre n. Chr. entstanden, wie uns der Dichter Statius mitgeteilt hat. Rund 300 Jahre später war es damit aber schon wieder vorbei, vor allem weil die Christianisierung unter Kaiser Konstantin eingesetzt hatte. Der Name Mithras stammt vermutlich nicht vom indischen Mithra. Und auch wenn der Protagonist des Mithraismus, Mithras eben, dargestellt wird, wie er einen Stier tötet, scheint es ein Gerücht zu sein, dass die Anhänger des Kultes selbst Stiere opferten, denn bei keinem der Tempel fanden sich Stierknochen.

Jedenfalls zeigen die Fresken der erst 1964 entdeckten Höhle eine Szene, die offensichtlich einem antiken Barbecue nahekommt. Ob der Schwenker damals erfunden und bereits zum Einsatz kam, bleibt allerdings im Ungewissen. Die Römer nutzten diese kleine Buntsandsteingrotte mehrere Jahrhunderte lang, Kaufleute und Soldaten brachten darin Opfer dar (oder schwenkten, je nach Sichtweise). Die großzügig ausgekratzte Grotte diente, nachdem die Mithräer verschwunden waren, dem Metzer Bischof Arnauld als Unterschlupf und Hauptquartier, von hier aus startete jener die Bekehrung der Saarländer.

Mediomatriker lebten vor den Römern hier, wahrscheinlich in Alt-Saarbrücken. Sie errichteten eine keltische Höhenburg auf dem Sonnenberg. Die Römer waren um den Halberg herum sesshaft geworden.

Heute befinden sich dort der Stadtteil St. Arnual und auf der anderen Saarseite der Großmarkt. Ursprünglich nannten die Römer den Ort *Vicus Saravus* (Saarort). Immerhin trafen sich genau hier zwei Fernstraßen, nämlich die von Metz nach Mainz führende und die Verbindungsroute zwischen Straßburg und Trier. Diese beiden Wege kreuzen sich außerordentlich oft im Saarland, anscheinend wurden sie in Schleifen verlegt. Nahezu jede römische Siedlung liegt an einer solchen Kreuzung, was schon verdächtig ist. Tatsache ist, dass von Trier gleich drei Römerstraßen nach Süden abzweigten. Die erste wies den Weg über Konz nach Metz. Die zweite ging über Pachten (wo sie sich mit der Straße aus Mainz nach Metz kreuzte) nach Saarbrücken (wo ihr wiederum eine aus Worms kommende in die Quere kam), bis hin zum Etappenziel Straßburg oder *Argentoratum*, wie die Römer die Stadt nannten. Die dritte schließlich führte über Schwarzenacker ebenfalls dorthin. Es gab zahlreiche Gabelungen, was uns zur Eingangsthese zurückführt, dass, wenn jemand reiste, sei es mit einem Esel oder mit tausend Soldaten, er unweigerlich hier entlang musste. Und dass sich so viele Wege in dieser winzigen Gemarkung schlängelten, lässt auf überfüllte Ansiedlungen schließen. Ich behaupte ja, man wollte Stau vermeiden. Was bis in die heutige Zeit nicht wirklich gelungen ist.

Jedenfalls hat ein umfangreiches Straßennetz das historische Saarland durchzogen, man könnte beinahe meinen, es habe in der Antike mehr Wege gegeben als heutzutage.

Nun zu den Gebäuden. Die frühesten fanden sich an den Ufern der Saar. Erstaunlich war der damals vorherrschende Komfort: Die Römer bauten bereits Mitte des 2. Jahrhunderts n. Chr. eine teils über-, teils unterirdisch verlaufende Wasserleitung vom Schwarzenberg aus. Es gab zudem medizinische Versorgung und Heizungen. Die Saar überquerte man dank einer Furt relativ trocken, die spätere Römerbrücke stand bis ins Mittelalter hinein, eine in Güdingen errichtete hielt gar bis ins 17. Jahrhundert. Es kam, wie es kommen musste: Zuerst brannten die Alemannen um das Jahr 275 alles nieder. Und das gleich noch einmal, wahrscheinlich um 350. Das wars dann für lange Zeit. Um uns herum herrschte von Stund an geschichtliche Dunkelheit.

Das römische Zentrum im Universum der Saar

Dennoch kam durch die Römer eine gewisse Ruhe in das Land, denn der »Feind« lauerte ja im Norden. Der Rhein war die anerkannte Demarkationslinie und unser Ländle weit davon entfernt. So verwandelte sich das Saarland in ein Weinbaugebiet, dessen Reben besonders süß gewesen sein sollen.

Trier erkor man zum Regierungssitz des Römischen Reiches. Wenn heutzutage dort ein Haus errichtet werden soll, dauert es Jahrzehnte. Erstens wegen den damit verbundenen Behördengängen und Formalitäten, zweitens weil man dann warten muss, bis das Heer der Archäologen wieder abgezogen ist – mit allerlei Karten der Keller und Gewölbe sowie diversen Fundsachen. Und schließlich gibt es ja noch Baufirmen. Es verzögert sich also endlos.

Die römische Bürokratie hatte offenbar seinerzeit einige betuchte Familien ebenfalls an den Rand des Wahnsinns getrieben. Diese siedelten daher südlich, zum Beispiel in Perl und Nennig. Selbstverständlich an der bekannten Kreuzung zweier bedeutender Handelswege.

Spa und Gekacheltes

Das Mosaik in Nennig.

Um die Mitte des 19. Jahrhunderts pflügte ein Bauer bei Nennig seine dampfende Scholle und staunte nicht schlecht, als er ein paar bunte Steinchen zu Tage förderte. Bei näherer Betrachtung entpuppten sie sich als kleine Mosaikstückchen. Als man vorsichtig den Boden abtrug, kam ein einzigartiges Mosaik zum Vorschein, mit 160 Quadratmetern Fläche das größte nördlich der Alpen. Es stammt aus dem 3. Jahrhundert n. Chr. und war einmal Teil einer riesigen Palastanlage gewesen, die völlig verschwunden war. Zumindest dachte man zunächst, es handele sich um einen Palast. Zwischen 1866 und 1872 wurden die Überreste ausgegraben, eine weitere Grabung fand von 1987 bis 1999 statt. Dabei entdeckte man dann, dass man es mit einem Gehöft zu tun hatte. Der Hauptbau bot zwar schon erheblichen Luxus, doch scheinen die vielen anderen Gebäude (abgesehen von dem dort befindlichen Hügelgrab) eher der Landwirtschaft gedient zu haben. Wer hier einmal wohnte, ist allerdings nicht bekannt. Wahrscheinlich ein römischer Beamter aus Trier, der sich ein gemütliches Wochenendhaus an der Via nach Metz angelegt hatte. Daneben betrieb er einen bemerkenswerten Schrebergarten, eine Eigenart, die nur noch wenige Saarländer hegen, da die meisten einen eigenen Garten direkt am Haus besitzen.

Die Ausmaße der ursprünglichen Anlage sind beachtlich. Man zählt sie mittlerweile zum Typ der Axialhofvillen und bezeichnet sie als Römische Villa Nennig. Ihr Kernstück ist das grandiose Haupthaus *(pars urbana)* von beinahe 120 Metern Breite. Dazu gehörten abseits ein Badehaus mit gut 500 Quadratmetern Fläche, eine Art Spa, denn die Seitentrakte dienten offenbar als Gästezimmer des Luxusressorthotels der Antike. Der Bauernhofteil *(pars rustica)*, ein langgestreckter Hof mit einem gepflasterten Weg, war ca. 230 Meter lang. Man hat bisher drei Nebengebäude ausgegraben und vermutet noch weitere unter der Erde. Außer Mauerresten ist leider kaum etwas davon erhalten geblieben.

Und Verschwörungstheoretiker wie mich interessiert natürlich besonders ... der Grabhügel. Er war immens: 44,5 Meter im Durchmesser, mannshoch und einst von einer Mauer von fast 100 x 100 Metern umgeben, dem Mahlknopf, im Volksmund »Mohknapp« genannt. Man munkelt, dass es dort unterirdische Gänge gebe; angeblich stieß man auf einen solchen, als man Abwasserkanäle grub. Wo sie ihren Anfang nehmen und wo sie genau hinführen, bleibt indes geheimnisumwoben. Die Legenden leben allerdings noch heute: Angeblich stürmte aus der Villa des Nachts ein feuriger Wagen, gezogen von glühenden Pferden und angetrieben von einem lodernden Wagenführer mit einer Feuerpeitsche. Er wurde wohl um 1900 das letzte Mal gesehen. Ein Augenzeuge berichtete dies zumindest dem Chronisten Karl Lohmeyer, der die Legende in seinem Buch *Die Sagen der Saar* festgehalten hat. Der geheimnisvolle Kutscher verschwand wie

Gesamtansicht des Mosaiks.

die Kreuz- und Tempelritter. So soll Arnold von Sierck, der Erbauer von Montclair (in der Saarschleife, siehe Seite 70 ff.) und weiteren Burgen, seine gesamten Habseligkeiten in dieser Gegend vergraben haben und sein Schatz leuchten wie ein brennender Kohlekeller. Manch einer hat danach gegraben – die Reichtümer der Tempelritter im Saarland, das wäre doch mal was. Gut, eigentlich eher in Remich, also auf der luxemburgischen Seite, aber wir sind ganz nah dran.

Doch zurück zum Mosaik. Da das Gesamtkunstwerk leider zergeschlagen worden war, hat man nun extra ein Haus über dem Fliesenbild errichtet, nicht wirklich römisch, aber praktisch. Der Eingang ist gut getarnt, wer sich nicht auskennt, läuft daran vorbei. Doch hat man ihn einmal gefunden, so erwartet einen dahinter gleich das Mirakel: Das Mosaik ist wirklich sehr beeindruckend. Jetzt einmal unter uns: Bilder aus Steinchen zu legen, das schaffen unsere Kleinen ja auch analog mit Steckperlen. Aber dass komplizierteste geflochtene Rahmenmuster, die über das komplette Kunstwerk laufen, am Ende aufgehen, das ist für mich ein wahres Wunder.

Man weiß nicht genau, ob das Gigapuzzle im 3. Jahrhundert n. Chr. zu einem Eingangsatrium gehörte oder der Boden eines Swimmingpools war. Vieles bleibt im Dunkeln.

Die Umstände des Untergangs der Anlage sind ebenfalls leider nicht bekannt, man weiß nicht, ob das Anwesen verlassen wurde oder gar überfallen und zerstört. Ich tippe auf Letzteres, das war Usus und könnte die Grundlage für die Story mit dem Feuerwagen sein. Man stelle sich vor, die Hausherren fliehen und ihr Wagen wird in Brand geschossen und … aber gut, bleiben wir bei den Fakten und überlassen den Rest der Fantasie.

Die römische Villa Borg

Nur 10 Kilometer weiter östlich des Mosaiks von Nennig liegt die römische Villa Borg im Archäologiepark. Über 25 Jahre lang hat man dort gearbeitet, nun ist das Anwesen einschließlich der beeindruckenden Gartenanlage weitgehend rekonstruiert. Erst um das Jahr 1900 hatte der Lehrer Johann Schneider dessen römischen Ursprung entdeckt. Bis dahin hatten sich die Einheimischen gerne der dort liegenden Steine für den eigenen Hausbau bedient: eine Art Geschichtsrecycling der besonderen Art. Herr Schneider grub mehr oder weniger im Alleingang und, wie es zu jener Zeit üblich war, nach bestem Wissen und Gewissen. Seine Grabungsspuren verursachen den Archäologen allerdings heute noch Schnappatmung. Sie gerieten jedoch zunächst in Vergessenheit, es herrschte Krieg und man hatte andere Sorgen. Anschließend jedoch führte man die Ausgrabungen planmäßig durch. Immerhin gibt es in der näheren Umgebung mehr als 50 Fundstellen.

Zur Zeit der Römer schien die Gegend dichter besiedelt gewesen zu sein als heute. Und wie so viele andere lag auch dieser Ort an der Straße von Trier nach Metz.

Selbstverständlich waren hier die Kelten Vorreiter, bis man sie vertrieb, um 50 v. Chr., als Caesar ganz Gallien besetzt hatte, in der Spätlatène Zeit also.

Bereits die Anfahrt zur Villa Borg ist abenteuerlich. Wenn man befürchtet, jederzeit auf einem Feldwirtschaftsweg in Traktorspurrinnen weiterfahren zu müssen, liegt man genau richtig – die holprige Anfahrt stellt gleich die erste Einstimmung auf die Alte Welt dar. Und, nein, bitte nicht den erstbesten Parkplatz ansteuern. Zwar befinden sich auch dort schon Ausgrabungen, doch sind diese nicht das Ziel unseres Besuchs. Tapfer kämpfen wir uns auf dem Weg vorwärts wie einst Publius Quinctilius Varus mit seinen drei Legionen, um Arminius, dem Cherusker, gegenüberzutreten. Unser Ausflug soll allerdings nicht so enden wie der seine (»Varus, Varus, gib mir meine Legionen wieder ...« und so weiter). Am Waldesrand entdecke ich das römische Anwesen und weitere Parkmöglichkeiten. Das herrschaftliche Torhaus ist der Eingang zu einem mediterran anmutenden Gut.

Das Gebäude wurde erst in den 2000er Jahren erbaut (2001 begann man mit den Grabungen zu den Grundmauern). Die Kulturstiftung Merzig-Wadern hat aus Ruinenresten einen beeindruckenden Bau geschaffen, der ziemlich nah an das Original herankommen könnte. Insofern haben die Architekten und Bauherren ganze Arbeit geleistet. Hier in Borg ist nicht etwa ein winziges Modell unter Glas zu sehen, auch keine Kulisse, sondern greifbare Wirklichkeit: ein reales Bauwerk in Originalgröße.

Das gilt für das gesamte Ensemble. Nach und nach entstanden auf der Basis der ausgegrabenen Trümmer sorgfältig rekons-

Der Komplex der Villa Borg in Frontalansicht.

truierte Bauten: das Herrenhaus, der gestaltete Innenhof mit Wasserbecken, die Therme, die Wirtschaftsgebäude. Alles wirkt echt, und man würde sich nicht wundern, wenn gleich Marcus Antonius alias Richard Burton mit seiner ägyptisch gewandeten Geliebten Liz Taylor um die Ecke böge.

Steht man inmitten des Minilabyrinths, wendet man sich am besten zuerst dem Gebäude zur Linken zu, in dem das Multimediahaus mit einem großen Veranstaltungssaal untergebracht ist; hier finden dann und wann Kino- und sonstige Vorführungen statt und man darf das Gebäude gern für romantische Hochzeiten mieten. Ansonsten ist es meist verschlossen und daher nur von außen zu besichtigen. Gehen wir also weiter zum Herrenhaus mit der imposanten, sich über zwei Etagen erstreckenden Empfangshalle. Hier sind Fundstücke aus der Gegend ausgestellt. Die Architektur ist beeindruckend, zumal dieses Haus nicht rechtwinklig ist. Der Umgang (also der in der bewährten Schachtelarchitektur angelegte überdachte Rundumgang) zeugt von der Verschwendungssucht des Hausherrn, dessen Identität übrigens nicht bekannt ist. Man sollte es nicht glauben: Da lebten

über zwei Jahrhunderte lang Menschen in diesem Anwesen und wir wissen nicht einmal, wie sie hießen. Die römische Geschichtsschreibung hat doch deutlich mehr Lücken, als uns lieb ist.

Alles ist perfekt rekonstruiert und bestens gepflegt.

Das Wesentliche liegt im Kleinen, so ähnlich lautet ja bekanntlich das Motto des Saarlands. Und auch mich faszinieren oft nicht gewaltige Bauten, sondern winzige Details. So die eisernen Schlüssel in einer Vitrine. Wie mögen wohl die dazugehörigen Schlösser ausgesehen haben? Hier haben wir es mit Handwerk im Millimeterbereich zu tun.

Die unbekannten Gutsleute ließen ein Luxusbad bauen mit einem Eiswasserbecken, das erstaunlich tief ist, einem Heißbadepool, Ruheräumen mit Massageliegen, vollbeheizt und klimatisiert. Genau wie wir Saarländer heute war man damals offensichtlich nie mit den Baulichkeiten zufrieden und baute immer wieder etwas an oder »modernisierte«, wie es heutzutage heißt. So entstand nach und nach ein Komplex, der, wenn dies eine Super-Spa-Luxusherberge gewesen wäre, ganz bestimmt einige Sesterzen Eintritt gekostet hätte. Wenn es nicht gar noch etwas ganz anderes war ... Man male sich das einmal aus: das älteste

Ein antiker Wellnesspool, der seines Gleichen sucht.

Gewerbe der Welt, hier in Borg. Das ginge natürlich gar nicht. Oder vielleicht doch? Erwähnte ich bereits, dass ich Verschwörungstheorien liebe?

Besonders interessant finde ich auch eine kleine Kammer in der Nähe des Eingangs: das Latrinum. Es bot Platz für ein geselliges Verrichten der Notdurft ... inklusive Wasserspülung und einem Detail, das zeigt, wie durchdacht das System der sanitären Anlagen damals war: Vor den ergonomisch geformten Toilettensitzen befindet sich eine Rinne für fließendes Wasser. Nicht etwa, um sich die Füße waschen zu können. Weit gefehlt. In Ermangelung von Toilettenpapier (dessen Grundlage die Chinesen ja erst später erfanden und das von den Amerikanern perfektioniert wurde), gebrauchte man zur Säuberung an einem langen Stock befestigte Meeresschwämme, die man in das Wasser tunkte, das vor den Füßen vorbeilief. Es ging also damals schon recht reinlich zu.

Massageliegen standen für die erschöpften Römer bereit.

Das stille Örtchen der Luxusvilla, das Latrinum

Zu dem Ensemble gehört auch eine komplett eingerichtete römische Küche. Deren Weiträumigkeit und Design lassen die Macher von IKEA erblassen. Beeindruckend sind die Vorratskammer, das Heizsystem und der Backofen. In der oberen Etage kann man das Aroma typischer Gewürze riechen, die wohl bereits zur Römerzeit verwendet wurden: Thymian, Rosmarin oder auch Liebstöckel. Letzteres wird heutzutage mit ein paar weiteren Ingredienzien in braune, viereckige Flaschen abgefüllt und stellt eines der Grundnahrungsmittel des Saarländers dar: Maggi.

Die Gartenanlagen schließlich bieten heute einen Anblick, wie man ihn auch damals gehabt haben mag. Römische Gärten waren freilich selten Ziergärten, und wenn, dann nur um den Wohlstand der Hausbesitzer ins rechte Licht zu rücken. In Rom waren Blumengärten unermesslich teuer, weil es ja kaum Bauplatz gab, und in Trier dürfte es ebenso gewesen sein. Vor dem Anwesen in Borg aber pflanzte man repräsentativen Buchsbaum und Ziersträucher an, nur hinten im Hof wurden Kräuter, Obst und Gemüse angebaut.

Römische Skulptur am Eingang zur Ausstellung.

Die dem Anwesen heute angegliederte rustikale Taverne bietet eine römisch angehauchte Speisekarte mit zivilen Preisen. Da gibt es ein »Legionärsmahl«, »Junos Verführung« oder auch »Neros Vermächtnis« – in Profansprache: Schnitzel, Ravioli und Hackfleisch mit Wirsing. Doch alles schmeckt ausgezeichnet und die Überraschung ist: Die holde Maid serviert in gebranntem Tongeschirr. Bis auf den guten Espresso, der wird in einer feinen Porzellantasse gereicht.

Der Ziergarten der Villa Borg:
ein prachtvoll anzuschauendes Statussymbol.

Der Vicus Wareswald

Rixius Varus, römischer Statthalter im 3. Jahrhundert n. Chr. in Trier, verfolgte die ersten Urchristen auf bestialische Weise, so sagt man. Schließlich soll er eine Wette mit dem Teufel eingegangen sein um eine Karre voll Gold bzw. sein Seelenheil, je nachdem, wer von beiden die Wette gewinnen würde. Sie bestand darin, dass der Römer mit seinem Streitwagen den Schaumberg hochfahren sollte, während der Höllenfürst vor dessen Pferd stets nach lateinischer Norm den Weg zu pflastern hatte. Die Steine dazu musste er hinter dem Gespann herausreißen, um sie vorn wieder anzufügen. Es gab bei der Wette jedoch eine dumme Klausel: Die römische Karre war bis an den Rand mit ebenjenem Gold beladen, welches dem Römer gehören sollte, wenn der Deiwel seine Wette verlöre. Nun wissen wir, wie schwer Gold ist, eine Europalette wiegt mehrere Tonnen. Logischerweise kamen die Rösser so schnell nicht vom Fleck.

Der Vicus Wareswald: die Ausgrabungsstätte mit den freigelegten Grundmauern.

Kurzum, Varus wurde Zweiter und stromert seitdem als ruheloser Geist, manchmal in der Gestalt eines großen Hundes, durch die Lande. Sein Wagen mit dem Gold soll im Wareswald nicht allzu tief vergraben sein, mit der Deichsel nach oben. Seitdem gräbt man dort, um an den Schatz zu gelangen.

Doch anstelle von Gold findet man Traumtrümmer: Genauso stellt man sich Archäologie und einen Trümmertraum vor. Mit Zahnstocher und Pinsel der Stärke 1 fördern Wissenschaftler hier im Wald eine ehemalige Siedlung römischen Ursprungs zutage, wahrscheinlich im Goldrausch der Altertumskunde.

Der geneigte Betrachter erkennt am Grabungsort die Grundmauern aus Ziegeln. Gegen schlechte Witterung schützt ein einfaches Dach, Wohnwagen dienen als Behausung und Labor zur exakten Bestimmung der Funde. Parkplätze gibt es dort nur eingeschränkt, aber der Vicus Wareswald ist auch nicht wirklich überlaufen. Flatterband sperrt das Gelände notdürftig ab und erinnert an den Tatort, nur gibt es hier relativ wenige Leichen zu sehen.

Die Alemannen und der Hunnenkönig

Damit mag der Blick auf die römische Historie erst einmal beendet sein. Bleibt noch zu erwähnen, dass die Alemannen (ja, exakt jene, die in Baden-Württemberg heute noch eine »Fasenacht« feiern), um 275 n. Chr. mordend und brandschatzend übers Ländchen zogen und alles kurz und klein schlugen, was ihnen in die Quere kam. Von diesem Schlag haben sich weder Schwarzenacker noch Bliesbruck-Reinheim oder Perl erholt. Das römische Imperium ging seinem Ende entgegen und ein neues Zeitalter mit nicht geringerer Vernichtungsgewalt zog herauf. Die frühen Christen entdeckten die Vorzüge der günstigen Lage unseres Saarlands, doch auch sie mussten erfahren, dass viele Soldaten diesen Verkehrsknotenpunkt passierten.

Um 450 n. Chr. geschah es schon wieder: Diesmal fielen die Hunnen ein. Der Überlieferung zufolge war der große Hunnenfürst Attila von Justa Grata Honoria, der Schwester Kaiser Valentinians III., um Beistand in ihrem Konflikt mit dem weströmischen Heermeister Flavius Aëtius gebeten worden und gen Rom gezogen. Attila fiel in Gallien ein, eroberte Augusta Treverorum, das

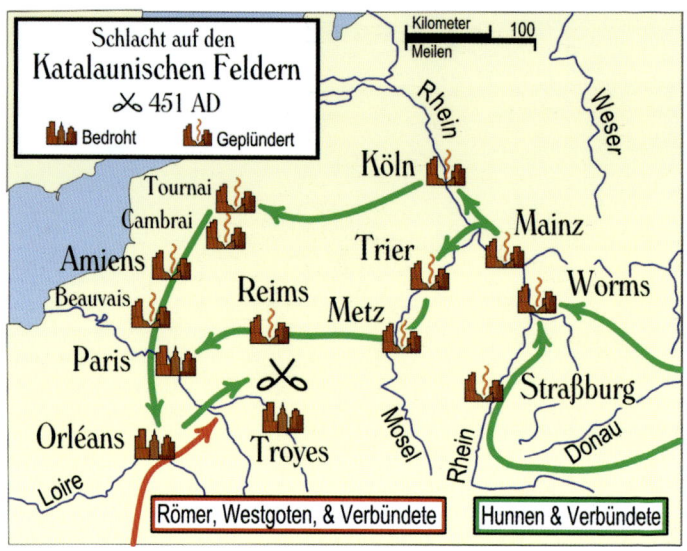

Die vermutlichen Marschrouten des Hunnenkönigs.

heutige Trier, sowie Metz und Orléans. Und sein Weg führte ihn natürlich exakt an der Saar entlang. In der Schlacht auf den Katalaunischen Feldern im Jahr 451 besiegten die Römer ihn und sein Vielvölkerheer schließlich (heute würde man, wie manch moderner Politiker es tut, vermutlich von einer »Europaarmee« sprechen). Die Sieger waren eine nicht weniger heterogene Truppe, bestehend aus Römern, Galliern, Westgoten und den Angehörigen weiterer Stämme unter der Führung von Flavius Aëtius. Wo genau dieses Gemetzel stattfand, ist nicht geklärt: irgendwo zwischen Orléans und Metz, so nimmt man an, wahrscheinlich in der Nähe von Troyes, so einige zuverlässige Quellen. Fakt ist: Der Hunnenkönig floh aus Gallien. Und von Metz ist es nicht weit bis zu uns.

Und so entstand die Mär, dass Attila, angeblich dahingerafft von einem tödlichen Blutsturz in der Hochzeitsnacht, die er mit der Burgundin Ildico beging, im Saarland begraben liege.

Ganz nach Barbarenmanier sollen ihn seine sechzehn ergebensten Krieger aus dem Rheintal nach Westen in eine einsame

Gegend auf einen Berg gebracht haben. Sie wollten verhindern, dass der Leichnam in Rom zur Schau gestellt würde. Sie begruben ihn angeblich in einem goldenen Sarg mit unermesslich vielen Wertgegenständen im Bettelwald bei Ormersheim. Nach ihrer Rückkehr zum Heer wurden die Bestatter vorsorglich getötet, damit die Grabstätte des legendären Hunnenkönigs auf ewig ein Geheimnis bleiben solle.

Attila im Kampfesgewühl – Ausschnitt aus einem Deckengemälde von Eugène Delacroix.

Manch einer hat in diesem Wald vergeblich nach den Schätzen gesucht. Das könnte daran liegen, dass die Soldaten unter Umständen weiter geritten sind als allgemein angenommen, nämlich bis nach Berus. Doch auch das weiß niemand so genau.

Das Kreuz mit dem Kreuz

Die ersten Christen

Sie zogen recht früh ein. Die heutige evangelische Kirche in Fechingen datiert auf die Zeit um 800 n. Chr. Zwar wurde sie ein ums andere Mal zerstört, aber auch stets wieder aufgebaut. Es heißt, um 590 habe ein Prediger namens Arnoald hier gehaust, bevor er Bischof von Metz wurde. Und seine Tochter habe noch lange an der Saar am Halberg Menschen zum Christentum bekehrt. (Warum "es heißt"? Weil dies zum größten Teil auf Sagen beruht.)

Nach der keltischen Religion, die zahllose Götter hatte, und der römischen, die noch viel mehr Gottheiten kannte, schien das Christentum mit nur einem Gott eine ansprechende Neuerung zu sein: Da behielt man leichter den Überblick. Das gefiel den Kirchenfürsten aber wiederum nicht allzu sehr und so ernannte man rasch noch ein paar Heilige dazu – es lebe die Vielfalt.

Kirchen und Klöster

Zahlreiche alte Gemäuer der frühchristlichen Ära sind noch erhalten und können besichtigt werden. Allerdings waren die meisten davon Opfer des Verfalls, doch Gott zu Gefallen sind sie später neu errichtet worden. Somit sehen zwar ungezählte Bauten uralt aus, sind es aber nicht.

Doch betrachten wir nun einige Besonderheiten kirchlicher Architektur hier im Saarland.

Als Riegelsberger Bub stelle ich Ihnen zuerst die Martinskirche in unserer Nachbargemeinde, im Püttlinger Stadtteil Köllerbach, vor. Sie hat gleich mehrere Highlights zu bieten: Zunächst gibt es dort Sarkophage, die eindeutig aus dem 10. Jahrhundert stammen, das Chorschiff (bzw. dessen Rundbogen) wurde im Jahr 1380 erbaut. Die Decke zeigt das größte noch erhaltene gotische Deckengemälde des Saarlands und datiert ebenfalls auf 1380.

Die Schlosskirche in Saarbrücken.

Unter anderem ist darauf abgebildet, wie der Schutzpatron des Kirchenbaus, der heilige Martin von Tours, dem Grafen Simon 1223 ein Schriftstück darreicht. Und in eben dieser ältesten Urkunde des Köllertals übergibt der Graf die Kirche an die Abtei Wadgassen, die wiederum eine herausragende Stellung im gesamten Südwesten einnahm. Man entdeckte die Fresken erst 1956 und hat sie liebevoll restauriert.

Das Kirchengebäude selbst sieht genauso aus, wie man sich einen gotischen Kreuzbau vorstellt, könnte für meinen Geschmack aber ruhig etwas höher sein, so zehn bis zwanzig Meter etwa. Die niedrige Deckenhöhe macht einen glauben, man könne die Kreuzgewölbe mit der Hand berühren – das ist allerdings eine wunderbare Vorstellung.

Die Schlosskirche in Saarbrücken (siehe Abb. Seite 55) ist heute ein Museum und über die Alte Sammlung der Stiftung Saarländischer Kulturbesitz im ehemaligen Kreisständehaus am Schlossplatz zugänglich.

Der Bau war im Laufe der Zeit stark beschädigt worden. Als ich noch Schüler am Gymnasium am Schloss war (zu jener Zeit hieß es Staatliches Knabenoberrealgymnasium), blickten wir jeden Tag auf die zerbrochenen Fensterscheiben, die Risse in der Fassade und das Schild »Wegen Einsturzgefahr geschlossen«. Am 9. März 1999 erschütterte dann ein Bombenattentat auf die nebenan stattfindende Wehrmachtsausstellung auch die Schlosskirche. Sie wurde aber inzwischen restauriert und beherbergt heute, wie gesagt, die Sammlung sakraler Kunst- und Kulturdenkmäler aus dem Besitz der Stiftung Saarländischer Kulturbesitz. Hier befinden sich auch die barocken Grabmäler der Saarbrücker Fürsten und Grafen aus dem 17. und 18. Jahrhundert sowie die ihrer Nachkommen, die man teilweise erst 1998 dorthin umgebettet hat. Sehenswert sind auch die von Georg Meistermann gestalteten Kirchenfenster. In der Schlosskirche werden zudem sakrale Gegenstände aus der Region und der Stiftskirche St. Arnual gezeigt.

Dieser wenden wir uns nun zu. Sie befindet sich in einem »Dorf in der Stadt«, dem gleichnamigen Stadtteil St. Arnual in Saarbrücken, das bis 1897 noch eine eigenständige Gemeinde war.

Die gotische Stiftskirche St. Arnual – Frontansicht.

In seinen Anfängen hieß der Ort Merkingen, wurde aber dann in St. Arnual umgetauft.

Anbei: Dort findet man auch diverse Mauerreste, die zum einen von einer römischen Villa stammen – es überrascht kaum, dass sich auch dieser Standort an einer der vielen wichtigen Römerstraßen befand – und zum anderen von einem Gebäude aus dem 7. Jahrhundert, welchem man gewiss eine sakrale Funktion zusprechen darf. Waschechte Kreuzritter logierten hier auf dem Weg nach Worms um das Jahr 1147.

Doch zurück zur gotischen Stiftskirche. Sie und das bereits vor ihr existierende Stift sind nach dem hl. Arnoald benannt, der als Bischof schon um das Jahr 600 hier tätig gewesen war und fleißig Christenseelen gesammelt hatte. Damals hatte er allerdings noch – wie bereits erwähnt – in der alten Mithrasgrotte am Halberg residiert.

Im 13. Jahrhundert gründete man im Stift eine Lateinschule, die später – 1604 – in das Ludwigsgymnasium umgewandelt wurde: Es ist das älteste Gymnasium des Saarlands, seine Gründungsurkunden waren genau hier aufgesetzt und unterzeichnet worden.

Den Grundstein für die Stiftskirche legte Dekan Johannes Repper dann am 27. Mai 1315. 1575 wurde das Gotteshaus evangelisch und ist es bis heute.

Der Nassau-Saarbrückische Generalbaudirektor Joachim Stengel, der Saarbrücken generalüberholen ließ, sanierte auch die Stiftskirche im 18. Jahrhundert und versah sie mit einer barocken Turmhaube.

Zu ihren Sehenswürdigkeiten zählen zudem die vom ungarischen Künstler György Lehoczky gestalteten Kirchenfenster. Und in ihren Grüften harren die Fürsten zu Nassau-Saarbrücken bis zum jüngsten Tage aus.

Von Baumeister Joachim Stengel war soeben schon die Rede. Er war es auch, der die barocke Ludwigskirche mit dem sie umgebenden Häuserkomplex als Gesamtkunstwerk im Stil eines Place Royale entwarf. Das protestantische Gotteshaus zählt zweifelsohne zu den bedeutendsten Barockkirchen der Bundesrepublik und stellt das Wahrzeichen der Stadt Saarbrücken dar.

Doch auch seine Geschichte ist wechselvoll: Die Bautätigkeit scheint in Deutschland zwangsläufig aus dem Ruder zu laufen, das hat wohl Tradition, nicht nur bei uns im Saarland. Der Auftraggeber, Fürst Wilhelm Heinrich, starb 1768 vor der Vollendung des Baus und hinterließ einen gewaltigen Schuldenberg. Schon damals regierte die Finanzverwaltung des Deutschen

Das Wahrzeichen Saarbrückens: die barocke Ludwigskirche.

Reichs mit harter Hand. Sparmaßnahmen wurden ergriffen, die Arbeiten eingestellt. 1775 konnte der Bau unter Wilhelm Heinrichs Sohn Ludwig, nach dem das barocke Kleinod auch benannt ist, dann schließlich doch fertiggestellt werden.

Auch die Ludwigskirche wurde im Zweiten Weltkrieg weitgehend zerstört, jedoch originalgetreu restauriert.

Von außen besticht die gelbliche Steinfassade mit der rötlichen Eckquaderung, das Innere überrascht den Besucher dann in blendendem Weiß und Zartrosa: Alles ist hell, die Wände, die Empore, der Altar, die Orgel, der Boden und die Bänke.

An Markttagen herrscht vor den Toren der Ludwigskirche reger Betrieb.

Marienverehrung in der Neuzeit

Ja, Sie haben richtig gelesen. Einen Marienkult gibt es in der Tat auch heute noch.

In einem Konversationslexikon von Herder aus dem Jahr 1965 steht unter »Riegelsberg«, meinem Heimatort, zu lesen: »Bergbau, Brauerei, Wallfahrtsort.«

Die Gruben sind längst geschlossen und zugeschüttet, und die Bierbrauerei Gross (mit dem besten Malzbier der Welt) gibt es seit einigen Jahrzehnten nicht mehr. Einzig der Wallfahrtsort in der Kirche St. Joseph ist geblieben. Und darin eine Kopie der schwarzen Madonna von Altötting, die nach dem Krieg hierher gebracht wurde. Außen ist eine winzige Nachbildung der Grotte von Lourdes, ebenfalls mit einer Madonnenfigur im Inneren, ganzjährig zu bestaunen.

Richtig rund geht es in Marpingen. Dabei ist die Entstehungsgeschichte des dortigen Marienkults alles andere als heilig. Drei jeweils achtjährigen Mädchen soll von 1876 bis 1877 im Härtelwald mehrfach die Jungfrau Maria erschienen sein. Schnell wurden auch erste Wunderheilungen gemeldet. Doch die armen, unschuldigen Mädel gerieten unglückseligerweise zwischen die Mühlen zweier mächtiger Kontrahenten der Erwachsenenwelt und wurden daraufhin sogar in eine Besserungsanstalt eingewiesen, wo sie ihre Geschichte zunächst einmal widerriefen.

Es herrschte nämlich damals ein Konflikt zwischen dem Preußischen König- bzw. späteren Deutschen Kaiserreich unter der Führung von Reichskanzler Bismarck einerseits und der römisch-katholischen Kirche unter Papst Pius IX. andererseits: Man spricht hier auch vom Kulturkampf. Und da muss ich nun etwas weiter ausholen.

Während der Vatikan das Weisungsrecht und Primat der Kirche in vielen staatlichen Bereichen, so auch der obersten Gerichtsbarkeit, erhalten wollte, strebte das Kaiserreich eine Trennung von Staat und Kirche an sowie die Durchsetzung einer liberalen Politik ohne Einmischung der Kirche in staatliche Belange.

Das einst katholische Marpingen war 1834 an das evangelische Preußen verschachert worden. Und dabei hatte man sogleich unangenehme katholische Priester vor Gericht gestellt und ein Drittel der Pfarreien geschlossen, den Trierer Erzbischof Matthias Eberhart hatten die Preußen zu einer Geldstrafe und einem dreiviertel Jahr Zuchthaus verurteilt, was zu jener Zeit praktisch einem Todesurteil gleichkam. So hatte dieser nach seiner Entlassung auch nur noch ein halbes Jahr gelebt.

Die Auflehnung der Katholiken wider das preußische Diktat war in die verzweifelte Verehrung der Maria gemündet, unter deren Schutz sich die einfachen Leute stellten. Und so passte es zum Zeitgeist, dass damals von zahlreichen Erscheinungen der Gottesmutter, die Trost spendete oder zu Geduld und Tapferkeit mahnte, berichtet wurde, in Lourdes zum Beispiel 1858.

Preußen führte seinen Kampf gegen die Kirche mithilfe der sogenannten Maigesetze, welche in den Jahren 1873, 1874 und 1875 jeweils im Mai in Kraft traten. In den Gesetzen von 1873 beispielsweise wurde erlassen, dass Priester studiert haben und eine staatliche Prüfung ablegen mussten – eine Auflage, die auch heute noch gilt. All jene, die diese Bedingungen nicht erfüllten, wurden aus dem Kirchendienst entfernt, bis auf ein paar Alteingesessene. Gleichzeitig wurden die Befugnisse der kirchlichen Disziplinargewalt, also die des Kirchenrechts, nun weltlichen Richtern in Berlin übertragen. Pfarrer, die sich öffentlich engagierten (die also z. B. wider diese Verordnungen predigten), wurden verhaftet und des Landes verwiesen.

Immer mehr gläubige Menschen klammerten sich an die Hoffnung, dass es mit dem fernen Kaiser bald zu Ende gehen möge, und beteten zur Jungfrau, die Trost versprach.

In Marpingen wurde kundgetan, dass die den drei Mädchen erschienene, ein Kind auf dem Arm tragende weiße Frau gesagt habe, sie sei die »unbefleckt Emfangene«. Passenderweise hatte Papst Pius IX. 1854 die unbefleckte Empfängnis bereits als Dogma festgeschrieben. Und an dieses unumstößliche Glaubensdiktat hat man als Katholik eben zu glauben, ohne Wenn und Aber.

Teilweise hatten die Gebete ja Erfolg, denn Papst Pius' IX. Nachfolger Leo XIII. (Amtszeit: 1878–1903) und Otto von Bismarck entschärften die Situation schließlich.

Bis dahin aber war es ein steiniger Weg für die katholische Bevölkerung; wie gut, dass es da in Marpingen die Kunde von der Marienerscheinung der Kinder gab. Und nach diesem langen Bogen kehren wir nun wieder an unseren Ausgangspunkt zurück. Bald wollten auch Erwachsene dort der Jungfrau begegnet sein und versicherten eidesstattlich, dass diese mit einem Heiligenschein versehen gewesen sei und das Christuskind auf dem Arm gehalten habe. Ein Strom von Pilgern überschwemmte nun das Dorf, darunter übrigens auch diverse Vertreter des katholischen Hochadels.

Während das Bistum Trier eher skeptisch blieb und selbst der Marpinger Dorfpfarrer durchaus nicht geneigt schien, den Schilderungen zu glauben, nahm der Kult solche Ausmaße an, dass der preußische Staat militärisch eingriff und eine Wallfahrtsversammlung brutal auseinandertrieb. Die Dorfgemeinschaft hielt daraufhin nur noch stärker zusammen, denn das rücksichtslose Vorgehen der Obrigkeit fachte den unerschütterlichen Widerstand der einfachen Menschen weiter an. Das sollte heutigen Politikern eigentlich zu denken geben: Dass Druck immer nur Gegendruck erzeugt und man mit Gewalt keine Konflikte löst – doch es scheint leider noch immer nicht zu fruchten.

Und entgegen aller Unkenrufe und Repressalien, Marpingen wurde zu einem Wallfahrtsort von internationalem Rang und ist es bis heute geblieben.

Die Anfahrt zur Marienverehrungsstätte Härtelwald erfolgt über den Kapellenweg in Marpingen oder endet auf dem neuen, ausgeschilderten Parkplatz Kettlerstraße, der eindeutig Vorteile bietet. Man hat dort Platz und kann auf einem bequemen Fußweg spazieren. Rollstuhlfahrer und Gehbehinderte informieren sich bitte im Internet, die Behindertenparkplätze sind nur mit entsprechender Erlaubnis zu erreichen.

Der Vorplatz der Marienkapelle ist hell und freundlich. An seinem anderem Ende befindet sich vor einer Marienstatue ein metallener Rosenkranz von einigen Metern Durchmesser. Er erinnert mich an die Zeiten, als ich als kleiner Bub noch mit meiner Oma in der heimatlichen Kirche den Rosenkranz betete. »Gegrüßet seist du, Maria, voll der Gnade, der Herr ist mit dir. Du bist gebenedeit unter den Frauen, und gebenedeit ist die Frucht deines Leibes ...« – wobei ich das seltsame Wort »gebenedeit« damals nicht verstand.

Die Kapelle ist innen mit vielen Kerzen und Blumen geschmückt. Kaffee und Devotionalien gibt es in einem eigens dafür eingerichteten Shop etwas abseits.

Ich mache mich auf den steilen Pilgerweg, der von der Kapelle aufwärts zur Marienquelle führt. Es ist ein Kreuzweg: Er ist an den Seiten mit 14 großen Bildern versehen, auf denen die Stationen der Leidensgeschichte Jesu abgebildet sind. Es geht bergauf, und auch wenn es nur 300 Meter sein mögen, so strengen sie doch gewaltig an. Unterwegs duftet es stark nach Kiefern.

Die Andachtsstätte am Ende des Aufstiegs: Dort soll die Maria den Mädchen erschienen sein.

Schließlich erreiche ich die Andachtsstätte, an der Blumen und Kerzen sowie Bänke dazu einladen, sich zu setzen und innezuhalten. Die Quelle liegt 150 Meter über dem Ort, an dem die Erscheinungen stattgefunden haben sollen. Ich überlege, wie dort die erste Heilung erfolgt sein soll. Ein angeblich unter schwerstem Rheuma leidender Bergmann sei hier gesundet, nachdem die drei kleinen Mädchen seine Hände auf die Füße der für ihn unsichtbaren Maria gelegt hätten, so heißt es. Nun, mit Rheumaschmerzen wäre ich hier nicht heraufgekommen.

Während meines Abstiegs ins Tal grüble ich vor mich hin. Was mag die Menschen dazu bewegen, so etwas auf sich zu nehmen?

Der Rosenkranz und die Marienstatue.

Ich bin mittlerweile konfessionslos und wundere mich öfter über ein solches Verhalten.

Unten stehe ich noch eine Weile am überdimensionierten Rosenkranz, als eine alte Frau sich nähert. Sie lässt gekonnt einen echten, handlichen Rosenkranz durch die Finger gleiten und murmelt dabei vor sich hin. Schließlich sieht sie mich an, sie ist fertig mit Beten.

»Guten Tag«, sagt sie freundlich, doch mit gebrochener Stimme. Ich erwidere den Gruß.

»Dass junge Menschen hierher wallfahrten, ist sehr schön«, fährt sie fort und lässt durch diese Bemerkung ihr biblisches Alter erahnen, denn auch ich habe das halbe Jahrhundert bereits überschritten.

»Warum sind Sie denn hier?«, frage ich nach.

»Ach, wissen Sie, junger Mann, in den letzten zwei Jahren habe ich meinen Sohn, meine Tochter und einen Enkel beerdigt. Mein Mann liegt mit einem Schlaganfall im Krankenhaus und auch mit mir geht es zu Ende.«

Ich muss schlucken und weiß nicht, was ich entgegnen soll.

»Da wird es Zeit, auch mal Dankeschön zu sagen für das gute Leben vorher. Und um Gnade und Hilfe zu bitten, jetzt, in diesen finsteren Stunden, für mich und die Welt, für die Ukraine und Griechenland, für die Syrer und Kurden, für die afrikanischen Flüchtlinge.«

Kein Zweifel, die Dame ist informiert.

»Sie glauben an die Kraft der Gebete? Sie denken wirklich, es wird sich dadurch etwas ändern?«

»Es schadet jedenfalls nicht«, antwortet sie, nun mit fester Stimme.

Die Marienkapelle.

Von unten ruft eine junge Frau laut: »Uroma? Kommst du endlich? Wir müssen weiter.«

»Ja, ja!«, antwortet die alte Dame. »Meine Urenkelin würde nie einen Fuß hierhersetzen«, sagt sie bedauernd, lächelt mich an und geht langsamen Schrittes zum Auto.

Nachdenklich besuche ich die Kapelle noch einmal und zünde fünf kleine Teelichter zu je 50 Cent an. Schaden kann es jedenfalls nicht.

Walle! Walle, Festungswalle ...

Das Saarland und seine Wehranlagen

Das dunkle Mittelalter zog auch bei uns vorbei und richtete gehörige Zerstörungen an. Die einstigen Burganlagen wurden fast alle zerschlagen, die Überreste als Baumaterial genutzt. Das Bauen ist typisch saarländisch: Ein Zugezogener gehört erst dann richtig dazu, wenn er einen Sandhaufen hinter dem Haus hat, stets vorbereitet, Speis (Beton) anzurühren – es gibt immer etwas zu bauen.

Saarbrücken

Auf mittelalterlichen Stichen sieht Saarbrücken meist wie eine Festungsstadt aus. Das Leben dort fand um den heutigen Ludwigsplatz herum statt und direkt an der Saar erhob sich ein gewaltiger Felsen, auf dem im Jahre 999 eine Burg errichtet worden war, das Castell Sarabruca. Doch bereits 1168 war Schluss damit, das Gebäude wurde geschleift. Ungefähr 100 Jahre später baute man es zusammen mit einer Siedlung wieder auf.

In der Mitte des 15. Jahrhunderts begann Johann IV. mit dem Bau einer Festungsanlage, die im 17. Jahrhundert weiter umge-

Dem Saarbrücker Schloss ist seine Vergangenheit als Festungsanlage längst nicht mehr anzusehen.

staltet wurde. Nun gab es Gärten, Türme, Erker, Eingänge und noch mehr Gemäuer. Der Hof wurde von vier Flügeln umschlossen. Just als der Bau beendet war, zerstörten ihn 1677 Randalierer (auch Kaiserliche Truppen genannt) gleich wieder. Aus den Trümmern errichtete man ein kleines Palais und einen richtigen Schlossgarten.

Im 18. Jahrhundert schließlich gaben der Wandel in der Lebensführung der adeligen Schlossbesitzer aus dem Hause Nassau, der die Wehrfunktion der Anlage überflüssig machte, sowie ihr Wunsch nach feinerer Wohnkultur Anlass für Modernisierungspläne. Und hier trat wiederum Joachim Stengel auf den Plan, der berühmte Barockbaumeister, der uns schon im vorherigen Kapitel begegnet ist. Aus seiner Feder stammen nicht nur die Entwürfe für die Ludwigskirche und das sie umgebende Häuserensemble, sondern eben auch für das nach barocker Manier umgestaltete Schloss mit seinen Gartenanlagen und dem Schlossplatz.

In der Französischen Revolution fiel es erneut marodierenden Banden in die Hände, die es teilweise niederbrannten.

Anschließend wurden in der verbliebenen Ruine acht Wohnungen für Saarbrücker Bürgerfamilien ausgebaut. Der industrielle Karl Ferdinand Stumm aus Neunkirchen übernahm das Anwesen und ließ es 1872 sanieren. Die Stadt Saarbrücken erwarb zwischen 1908 und 1920 die Wohnungen nach und nach und brachte darin die Kreisverwaltung unter.

Im Zweiten Weltkrieg fand die Gestapo der Nazis die Unterkunft für ihre Zwecke geeignet und richtete darin ihre Leitstelle ein. Der Platz des Unsichtbaren Mahnmals erinnert an diese dunkle Epoche (siehe Seite 165 f.).

1969 war das Schloss so baufällig geworden, dass es gesperrt werden musste, und in diesem Zustand blieb es bis 1982. Ich habe ja schon erzählt, dass wir Schüler des benachbarten Gymnasiums die Schlosskirche als halb verfallen erlebten. Nun, der Rest des Komplexes befand sich in keinem besseren Zustand, teilweise war sogar der Schlossgarten gesperrt. Die 1982 angestoßene und 1989 beendete Generalsanierung brachte schließlich eine moderne Version der Anlage hervor (siehe Abb. Seite 67), die anfangs nicht jedermanns Geschmack war; inzwischen aber hat sich der Glasbau als zeitlos erwiesen. Das Schloss wurde so oft gebrandschatzt, umgebaut, teilzerstört und wieder neu geplant – möge es nun für einige Zeit so in Frieden stehen.

Saarbrücken veranstaltet zahlreiche Festlichkeiten auf dem Schlossgelände, z. B. die Europäische Kinder- und Jugendbuchmesse, jeweils um die Pfingstzeit. Ab und zu können Sie auch mich dort antreffen.

Homburg

Bereits im 12. Jahrhundert stand eine Burg auf dem Karlsberg: die Hohenburg, Stammsitz der Grafen von Homburg. 300 Jahre später fiel diese Anlage an die Grafen von Nassau-Saarbrücken, die sie zu einem Renaissanceschloss umbauen ließen.

Der Festungsarchitekt Vauban (der seinen großen Auftritt noch im Abschnitt über Saarlouis haben wird) baute das beschauliche Städtchen mit seiner Burg für seinen König Ludwig XIV. von 1679 bis ca. 1692 zu einer Festung aus. Noch heute zeugt die Grundstruktur der Altstadt davon. Doch wie bei uns so üblich: Wenn etwas schön gemacht worden ist, kommt einer daher und zerschlägt es. So wurde auch diese Burganlage um 1714 endgültig geschleift.

Das hinderte einen gewissen Herzog Karl II. August von Pfalz-Zweibrücken nicht daran, gegen 1786 auf dem Karlsberg ein kleines Schlösschen zu errichten – die Ruine der Hohenburg diente ihm dabei als Steinbruch. Doch wie immer, wenn etwas schön gemacht worden ist ... Ach, damit sind wir ja vertraut. Diesmal waren es – auch das ist keine Überraschung – Soldaten der Französischen Revolution. Eigentlich sollte man die Geschichte dieser Revolution neu schreiben. Es gab nicht nur den Sturm auf die Bastille, auf den die Grande Nation so stolz ist. Da war vor allem eine unglaublich zerstörerische Kraft, die das Umland im wahrsten Sinne des Wortes in Stücke zerschlug, meist bösartig, mutwillig und gnadenlos.

Burg Munzlar (Montclair)

Auf dem Rücken des Burgberges, jenes Hügels, um den die weltberühmte Saarschleife fließt, steht seit dem 12. Jahrhundert eine Burg. Der Trierer Erzbischof Arnold I. vergab das Gelände als Lehen an Arnulf von Walecourt, der die Burg Munkler nahe einer älteren Ruine baute. Da dieser keine Nachkommen hatte, fiel das Bauwerk nach seinem Tode wieder an den Klerus zurück, der das Kleinod jedoch verschmähte. So übertrug er es Arnulfs Witwe, Irmgard von Montclair, die ihrerseits 1218 verstarb. Von Stund an nannten sich die Besitzer Montclair. Burgherr wurde Irmgards zweiter Ehemann, Simon de Joinville et Vaucouleurs. Der Sage nach soll Graf Simon auf den Rat eines seiner Soldaten hin des Nachts Bienenkörbe auf die Burgmauer gebracht haben. Nachdem man die Belagerer zum Angriff provoziert hatte, stieß man die Körbe auf die wütenden Krieger hinab. Man braucht nicht viel Fantasie, um sich vorzustellen, wie die Bienen das alte Gemäuer und seine Insassen retteten. Das nutzte letztendlich aber nicht viel. Erzbischof Balduin von Trier hatte Simons Nachfahren Jacob von Montclair die Burg ein weiteres Mal in der Geschichte des Grafengeschlechts als Lehen übertragen. Jacob dankte es ihm jedoch schlecht.

Außenansicht der Burg Munzlar oder Montclair heute.

Er zog in der Umgegend auf Raub aus und verbündete sich mit Rudolph von Lothringen, mit dem er sich ab 1344 die Burg teilen musste, sowie mit den Trierer Bürgern gegen den Erzbischof, brach Absprachen und unterdrückte die Untertanen des Kirchenfürsten. Dieser ließ Montclair, das inzwischen zur wichtigsten Burg der Saar geworden war, belagern und seine Bewohner aushungern. Als sie schließlich zu verdursten drohten, gab Jacob sich geschlagen. Der Erzbischof ließ die Burg des rebellischen Grafen schleifen – nicht ein Stein blieb übrig. Und die männliche Linie der Montclairs starb aus.

Innenansicht der Burgruine Munzlar: drei Etagen.

Die Herren von Sierck-les-Bains erbauten von 1434 bis 1439 eine neue Burganlage. Doch auch ihre Bemühungen, dort – im Spannungsfeld zwischen Luxemburg, Lothringen und Trier – eine eigene Landesherrschaft zu errichten, blieben fruchtlos. Als auch dieses Geschlecht 1606 ebenfalls keine männlichen Nachfahren mehr hatte, wurde das Lehen von Kurtrier eingezogen. Die Anlage verfiel und geriet in Vergessenheit. 1992/93 wurde sie vom Landkreis restauriert.

Heute führt ein langer und wunderschöner Wanderweg vom Parkplatz hoch zur Burg, man benötigt dafür etwa 45 bis 60 Minuten. Der Weg ist gepflastert mit allerlei lehrreichen und kurzweiligen Stationen, die Informationen über die Natur vermitteln. Hunde sollten nicht frei herumlaufen, das Gebiet gehört zum Privatbesitz der Familie von Boch (genau, die von Villeroy und Boch) und ist eine verpachtete Jagd.

An bestimmten Tagen finden kostenlose Gespensterführungen statt, Ritterturniere für Groß und vor allem für Klein laden ein, lustige und spannende Stunden auf der Burg zu verbringen. Sehen Sie bitte diesbezüglich auf der Internetseite nach (siehe Webadresse auf Seite 258).

Köllertal und Püttlingen

Die 1326 erstmals erwähnte Burg Bucherbach im Köllertal, heute in einem Stadtteil von Püttlingen, war später der Witwensitz der Gräfin Elisabeth zu Nassau-Saarbrücken (1469–1500). Diese Dame übersetzte fleißig Ritterromane vom Altfranzösischen ins Frühneuhochdeutsche. Auf dieser Wasserburg im Köllertal störte sie das Quaken der Frösche. Die Bewohner mussten daraufhin so lange auf die Teiche und Tümpel einschlagen, biss das Gequake aufhörte. Ein unterirdischer Gang soll diese Burg mit ihrem Pendant, Burg Püttlingen, verbunden haben.

Doch genau wie diese wurde sie im Dreißgjährigen Krieg von schwedisch-französischen Truppen zerstört und brannte 1645 aus. Wilhelm Heinrich von Nassau-Saarbrücken gab die Überreste von Burg Bucherbach 1740 schließlich zum Abbruch frei und so dienten sie als Baumaterial für die Wiedererrichtung des durch Brand zerstörten Ortes. Die noch erhaltene Ruine stellt inzwischen eine

Nur wenige Überreste erinnern noch an die einst wehrhafte Burg Bucherbach.

restaurierte Trümmerlandschaft dar. Bei schönem Wetter zieht es allerlei Leute zum Picknicken dorthin oder um auf dem nahegelegenen Spielplatz ihre Kinder frei spielen zu lassen. Im Winter bietet der Platz eine herrliche Kulisse für einen wirklich schönen Weihnachtsmarkt, nachts ist er bunt beleuchtet.

Burg Püttlingen erfuhr dasselbe Schicksal wie ihr Köllertaler Gegenstück – auch sie diente als Steinbruch. Und von dieser ehemaligen Wasserburg ist einzig ein Turm noch erhalten und steht im heutigen Stadtpark zwischen Pickardstraße und dem Bahnhof in Püttlingen. Experten streiten sich, ob er als Teil der Burg anzusehen ist oder eigenständig als Gefängnisturm. Er wird »Hexenturm« genannt.

Hexenturm? Ja, genau, Hexenturm! Womit wir gleich beim nächsten Thema wären.

Scheiterhaufen, Mörder und kirchlicher Beistand

Die Hexenverfolgung und ihre Hintergründe

Auch mitten im schönen Köllertal tobte einst der Wahnsinn der Hexenverfolgung. Sie ist eine Erfindung der Neuzeit – sie begann im 15. Jahrhundert – und sollte nicht mit der Inquisition des Mittelalters verwechselt werden. Während rund um uns in Europa Frauen unschuldig angeklagt und hingerichtet wurden, blieb das Saarland zu Beginn noch weitestgehend von diesem Wahnsinn verschont. Oh Verzeihung, das Saarland als solches gibt es ja erst seit 1920. Zu jener Zeit gehörte das Gebiet zum sogenannten Westrich.

Die Bevölkerung an der Saar war ländlich und von Traditionen geprägt. Wen wundert es, wenn die Menschen dort, wie viele Zeitgenossen heutzutage ebenfalls, gerne die Schuld an Unwetter, Unerklärlichem und dem, was vielerlei Wörter mit den Vorsilben »Un-« und »Miss-« bezeichnen, anderen in die Schuhe schoben. Anno Tobak gerieten unbequeme Mitmenschen allzu leicht in das Fadenkreuz derjenigen, die versuchten, aus deren Untergang Kapital zu schlagen.

Die Autorin Deana Zinßmeister lebt in Heusweiler und schreibt historische Romane, die oft in ihrer Heimat, dem Saarland, spielen. Auch zur Hexenverfolgung verfasste sie einige Bücher, wie z. B. *Das Hexenmal* und *Der Hexenturm*, die anschaulich und faszinierend eines der düsteren Themen unserer Vergangenheit beschreiben und meisterlich recherchiert sind.

Die Treibjagden auf unliebsame Frauen sind am Saarraum, wie gesagt, zunächst unbemerkt vorübergezogen. Wahrscheinlich, weil sich keine Richter oder Kläger fanden oder weil wir schon immer abgewartet haben, was die anderen so treiben, ehe wir es ihnen gleichtun. Erst als der Wahn im Römischen Reich schon fast vorbei war, ging es hierzulande los.

Die meisten dieser »juristischen Verfahren« gab es in den katholischen Territorien Lothringen und Trier. Den ältesten bekannten Hexenprozess im Saarland datiert man auf das Jahr 1540. Es geschah auf der Schwarzenburg bei Lockweiler. Damals klagte

Der Püttlinger Hexenturm.

Szene einer Hexenverbrennung, 1447.

man vier Frauen an und stellte in den Gerichtsprotokollen fest, dass man sie der Zauberei überführt habe. Es kam, wie es kommen musste, man übergab sie der reinigenden Kraft des Feuers, wo sie elendiglich zu Grunde gingen.

Doch damit begnügte man sich nicht. 1597 wurde gleich 29 Personen der Prozess gemacht, von denen mindestens 17 hingerichtet wurden. Darunter waren fünf Männer und sieben »Weybsbilder« aus Weierweiler. Fünf Jahre danach verbrannte man dort erneut drei Bürger des Ortes. Rechnen wir einmal nach: Weierweiler hatte zu jener Zeit etwa 60 Einwohner, überwiegend Kinder. Da nicht alle Akten erhalten sind, kennen wir keine genauen Zahlen, doch wäre es durchaus möglich, dass dieser Höllenwahn das Dorf praktisch ohne Erwachsene, dafür aber mit zahlreichen Waisen, zurückließ.

Und nun zum absoluten Höhepunkt dieses Irrsinns Ende des 16. Jahrhunderts: Püttlingen gehörte damals zum Herrschaftsbereich derer von Kriechingen. Dieses Adelsgeschlecht stammte ursprünglich aus Lothringen und gewann durch günstige Heiraten an Rang und Stellung. So erhielte es auch Ländereien im Saarland. Einer der Amtsmänner der Kriechinger, Thomas Königsdörfer, sperrte in einem Außenturm der Wasserburg in Püttlingen zwischen 1588 und 1640 14 Frauen ein und quälte ihnen unter Folter irrwitzige Geständnisse ab. Kaltblütig räumte er alle beiseite, die seine Karrierepläne störten. Dass er die bedauernswerten Personen formaljuristisch korrekt verbrennen ließ, braucht man nicht eigens zu erwähnen. Zudem mussten die Angehörigen der vermeintlichen Hexen hohe Geldstrafen bezahlen, von denen Königsdörfer angeblich die Prozesskosten begleichen wollte. So fielen ihm wohlhabende Familien zum Opfer.

Doch es gab auch Frauen, die sich wehrten, selbst wenn sie ihrem Schicksal letztlich trotzdem nicht entrinnen konnten. Aus Honzerath berichtet man folgende Begebenheit:

Erst ging alles seinen gewohnten Gang. Man suchte sich zwei Hexen, die lukrative Beute versprachen, und warf sie in den Kerker. Eine der beiden, die Müller Sunna, sollte mit einem Seil herausgezogen und zur Vernehmung gebracht werden. Allerdings wehrte sie sich und zog den Strick nach unten, anstatt ihn sich umzubinden. Lieber stürbe sie in der Grube, als verurteilt und verbrannt zu werden, so rief sie hinauf. Als sich ein Kerkermeister zu ihr herabseilte, erschlug sie ihn mit einem Stein. Leider nutzte es nichts. Der Henker überwältigte sie schließlich, zerrte sie vor Gericht, wo man sie folterte. So teilte auch sie ihr tragisches Ende mit vielen anderen auf dem Scheiterhaufen. Übrigens nicht wegen Mordes.

Buddeln, was das Zeug hält

Der Bergbau im Saarland –
Geschichte, Standorte und Charakteristika

Das älteste nachgewiesene Bergwerk in Europa liegt bei uns, jawohl! Auch wenn einige Zeitgenossen es gerne bei Wien ansiedeln würden – belegt ist das Römerbergwerk bei Wallerfangen dank römischer Inschriften. Leider ist es nicht zu besichtigen, zu gefährlich wäre das Begehen der niedrigen Gänge dort.

Das Kupferbergwerk in Düppenweiler

Unmittelbar am Litermont, dem sagenumwobenen Berg des Saarlands, verbirgt sich am Eingang zum Sagenwanderweg eine mittelalterliche Kupfermine.

Die abenteuerlichen Rundgänge verlaufen über und unter Tage. In den Stollen erklärt eine Multimediashow mit Musik und Lichteffekten, genannt Mystallica, das Wesentliche; besser ist es aber, den Führern zu lauschen, wie zum Beispiel Herrn Jung, dem Zweiten Vorsitzenden des Vereins. Ja, eines Vereins. Alles hier wird ehrenamtlich erledigt. Die Führungen, der Erhalt der Mine, die Instandhaltung der Gebäude. Man spürt es von der ersten Sekunde an: Hier steckt viel Herzblut drin.

Doch schauen wir uns einmal an, wie alles begann. 1723 stolperte der Bauer Junkmann am Weltersberg beim Pflügen über einen Stein. Beim Versuch, ihn zu beseitigen, brach dieser auseinander und offenbarte sein Inneres: grün und schwarz schimmerndes Metall. Dieser Fund war der Auslöser für professionelle Grabungen: Wenig später errichtete der Belgier Remacle de Hauzeur dort die Mine, in der zeitweise 300 Bergleute tätig waren.

Doch das Grundwasser stand hoch, knapp 20 Meter unter Tage, und musste ständig herausgepumpt werden. Dazu stellte man mehr als die Hälfte der Beschäftigen ab. Die Stollen waren

Blick in den Schacht des Kupferbergwerks in Düppenweiler.

▲ *Blasebalge für das Erzfeuer.* ▲ *Schmelzofen zur Kupfergewinnung.*

eng und niedrig, weshalb man in erster Linie Kinder dort arbeiten ließ. So entstand womöglich auch die Geschichte von den sieben Zwergen. Die Zipfelmütze war übrigens wichtig: Die Minenarbeiter stopften Heu darunter und hatten so einen primitiven Kopfschutz, der bis über den Rücken reichte und zumindest die kleineren Stöße abfederte.

In dieser Grube arbeiteten unzählige Kinderhände. Wer die Torturen überlebte und mit maximal 35 Jahren nicht länger diesem Tagewerk nachgehen konnte, musste schauen, wo er blieb. Soziale Absicherungen? Wo denken Sie hin! Die Arbeit war simpel, dennoch unglaublich schwer. Mit Hammer und Meißel trieben die Männer Stollen mittels Muskelkraft in den Berg und folgten dabei den Erzadern, die meist horizontal abgebaut wurden. Man achtete zwar früh auf die Anlage von Wetterschächten zwecks Luftzirkulation und als Beleuchtung dienten dünne Lämpchen, trotzdem war es dort unten düster bis zappenduster. Auf Händen und Knien kroch man durch die Dunkelheit. Manchmal verlief eine Erzader nach oben oder unten, sodass man über sich die Decke oder unter sich den Boden weghacken musste. Auf diese Weise entstand manch größere Halle, »Dom« genannt.

Erze werden anders gebildet als Kohle, die ja bekanntlich aus pflanzlichen Überresten besteht. Und wenn Pflanzen vergehen, dann fault es. Das gefährliche Gas, das dabei entsteht, das Methan, fordert heutzutage noch weltweit zahlreiche Opfer. In Erzminen, wo es oft durch extrem hartes Lavagestein geht, braucht man dagegen kaum Stützen und muss sich auch nicht vor Gasblasen fürchten, die sich explosionsartig entladen könnten.

Das Gelände, auf dem das Kupferbergwerk liegt, gehörte zwar zum Erzbistum Trier, aber zugleich auch der Familie von Hagen aus Lebach. Also stritt man sich nach alter Sitte. Und so wurde die Mine, nicht nur der diversen Wassereinbrüche wegen, sondern auch, weil man sich nicht einigen konnte, lange Zeit stillgelegt. Die von Hagens gewannen, gaben das Gelände als Lehen weiter und der neue Lehnsherr, Jean de Dauphine, legte die Mine sofort still.

1769 nahm man den Betrieb dort jedoch wieder auf und entdeckte reiche Kupferadern, nur das Grundwasser erwies sich weiterhin als ernstes Problem. Heute noch liegen unerforschte Gänge rund 50 Meter unter den Besucherstollen im Wasser, das man überall gut sehen kann. Derart klar und rein ist nur Grundwasser und selten kriegt man es so zu Gesicht!

Damals – 1767 – beschlossen die Betreiber, eine Dampfmaschine (Feuermaschine) in England zu kaufen, um damit das eindringende Grundwasser abzupumpen. Eine solche Maschine hatte Thomas Newcomen 1712 entwickelt und diese war gegenüber der bereits existierenden von Thomas Savery deutlich effektiver. Den Wirkungsgrad solcher Dampfmaschinen sollte schließlich James Watt verbessern und damit Berühmtheit erlangen. Die Verwaltung besagten Kupferbergwerks schickte also einen Vertreter mit 10 000 Goldstücken los, um eine dieser Wundermaschinen zu erwerben. Tatsächlich kamen auch einige Teile davon in Düppenweiler an, der Halunke und mit ihm das restliche Gold blieben allerdings verschollen. Aber vielleicht wurde er ja auch überfallen und ausgeraubt, wahrscheinlich sogar ermordet – sonst wäre das Saarland der größte Kupferproduzent in Kontinentaleuropa geworden.

Das Fundament für diese Höllenmaschine steht heute noch, sie wurde aber nie in Betrieb genommen, außerdem war die Mine sowieso bankrott.

Zu dieser Zeit baute man gleich an Ort und Stelle eine Kupferhütte. Doch darüber wird ausführlicher im folgenden Kapitel berichtet (siehe Seite 92).

1987 beschlossen Enthusiasten, aus den verlassenen Irrgängen ein Besucherbergwerk zu schaffen. Zu Beginn kam man durch das »Mundloch« in die Grube, das bedeutete, man musste beinahe 30 Meter gebückt einfahren, da die Stollendecke sehr niedrig war. Überhaupt war vieles sehr niedrig. Einen kleinen Geschmack davon bekommt man auch jetzt noch, wenn man durch die Besucherstollen streift.

Die Vereinsleute erweiterten die Gänge und teuften einen neuen Schacht als Einstieg, übrigens eine Ingenieurskunst, die bereits aus dem Saarland abgewandert ist. In wenigen Jahren wird es in Deutschland niemanden mehr geben, der die Technik des Teufens noch beherrscht. Wahrscheinlich werden wir dann Experten aus China beschäftigen.

Das dem Bergwerk angegliederte Huthaus bietet neben ordentlichen Gerichten auch schmackhafte Kaffeespezialitäten, und einem Espresso bin ich ja nie abgeneigt. Hier ist der Ausgangspunkt der Führungen, man erhält seinen Helm und eine Jacke, die sich als sehr nützlich erweist, da man ständig an die feuchten Wände stößt.

Die Mine unterliegt der Bergwerksaufsicht, was bedeutet, dass sich ein Ingenieur regelmäßig vom Zustand des Bergwerks und der 49 Stollen überzeugt, auf dass nichts dem Zufall überlassen werde.

> *Ohne Saarberg keine Schwenker.*
> *Und ohne Steiger keine Roste*
>
> *Die Saarbergwerke AG und die diversen Eisenhütten haben einen entscheidenden Anteil an der Schwenkerkultur des Saarlands. Genauer: Ohne sie gäbe es gar keine Schwenker. Drei von vier Grills stammen aus den Magazinen der vorgenannten Unternehmen, nebst Rohrgestell und Kettenaufzug. Mühsam in Handarbeit zusammengeschweißte Roste wurden angeblich*

> *gleich in tausender Stückzahlen in die Gärten der Kumpel geliefert, Steiger verschenkten die Kleinodien gerne an Cousins oder entfernte Verwandte. Ohne die tatkräftige Mithilfe der Konzerne also hätte das Wörtchen «Schwenkbraten» nicht in die US-amerikanische Sprache Einzug gehalten.*

Der Einfluss des Bergbaus auf das Saarland

Wir haben gesehen: Kein Schwenker und kein »Dreibein« über dem Rost ohne die hingebungsvollen Schweißarbeiter von Saarberg und ihre Kollegen in anderen Betrieben. Doch auch abgesehen von der Massenschwenkerproduktion gilt: Ohne den Bergbau hätte es das Saarland, so wie es heute dasteht, nicht gegeben.

Schon früh erkannten die Bergwerkskonzerne, dass sie Arbeiter anlocken mussten. Als Ausgleich für den Knochenjob konnten die Kumpels günstige Grundstücke und Häuser erwerben, einiges wurde in Gemeinschaftsarbeit errichtet. So auch unser Haus, 1856 erbaut. »Bergmannshaus« nennt man die Architektur mit dieser typischen Frontansicht: Fenster–Tür–Fenster–Fenster, zumeist aus Sandstein (60er-Wände) und am Hang gebaut, weil das die preiswerteste Lage ist.

Zudem haben die Zechen einen erheblichen Teil der Baumaterialien beigesteuert: Stahlträger, Stromkabel, Werkzeug, Nägel, Nieten, Schrauben, Holz und Rohre, Letztere meist aus bestem Kupfer.

Alles, was aus den Stollen und Löchern zu Tage gefördert wurde, musste auch irgendwo hin. So türmen sich an der Westseite des Landes gewaltige Bergmassive, sogenannte Kohlenhalden – eindrucksvoll zu sehen bei Püttlingen oder auch am Netzbachweiher, bei Reden und entlang der Autobahn A620 nach Luxemburg. Einige sind nach wie vor gesperrt, andere zu Naherholungsgebieten umfunktioniert. So die Halde Lydia vor Dudweiler, auf deren Hochplateau sich die Wolken in Himmelsseen spiegeln. Wer den Aufstieg schafft, darf sich an einer einzigartigen Mondlandschaft erfreuen, einer Steinwüste, in der man drei unterschiedliche Endzeitthriller über den Untergang der Erde gleichzeitig drehen könnte.

Lampennester, Bergleute, Gruben, Tod und Gefahr

Schwer war der Tag, an dem die Frauen der Bergwerksarbeiter von Luisenthal auf ihre Männer warteten, die Kinder auf ihre Väter und sie auf ihre Fragen nach deren Verbleib die entsetzliche Antwort erhielten, dass es nur wenige unverletzte Überlebende des Grubenunglücks gebe. Unter Einsatz ihres Lebens versuchten die Grubenwehren und Rettungsmannschaften im Winter 1962, mehr zu tun, als menschenmöglich gewesen wäre, doch konnten auch sie keine Wunder vollbringen.

Immerhin retteten sie über hundert Kumpel, aber für viele kam jede Hilfe zu spät. Noch heute ist nicht ganz geklärt, wie es zu der Serie von Kohlestaubexplosionen im Bergwerk Luisenthal bei Völklingen kommen konnte. Sicher, einer der Schächte war nicht gut gelüftet. Ob wirklich eine Zigarette oder eine kaputte Helmlampe die Explosion entfachte, ist ungewiss. Bergleute sind allesamt Profis, die wissen, dass man unter Tage nicht rauchen darf, und die jede noch so kleine Panne, auch einen Defekt an einer Grubenhelmlampe, sofort beheben.

Offiziell fanden exakt 299 Menschen bei dem Unglück den Tod, darunter so mancher aus meinem Heimatort. Ab dreihundert Toten hätte es einen staatlichen arbeitsfreien Landestrauertag geben müssen, jedes Jahr wäre der Toten zu gedenken gewesen, mit Kranzniederlegung und dem üblichen Brimborium: Politiker, deren öffentliche Reden von Sicherheit handeln würden, Versprechen und Mahnungen, die sie schon vor dem Verlassen des Podiums wieder vergessen hätten, das wäre unerträglich. Womöglich war das den Kumpeln und vor allem ihren Angehörigen zu viel und, wer weiß, vielleicht wurde gerade deshalb die Zahl 299 genannt. Diejenigen, die sich an den 7. Februar 1962 in stillem Gedenken erinnern, tun es aus Überzeugung und aus ihrem Innersten heraus und nicht wegen eines Eintrags im Terminkalender. Die Katastrophe von Luisenthal war die schlimmste seit Menschengedenken im deutschen Bergbau.

Das Erlebnisbergwerk Velsen

Erheblich ungefährlicher geht es in Velsen zu. Hier sind die modernsten Abbaumethoden in Kohlestollen zu erleben. Und das im wahrsten Sinne des Wortes. Bis 2011 diente die Mine noch als Lehrstollen für Bergmechaniker.

Das Erlebnisbergwerk erstreckt sich komplett »unter Tage« und weist die beachtliche Länge von ca. 800 Metern auf drei Sohlen auf. In Velsen ist man stolz darauf, dass dies ein Bergwerk und kein Museum oder Freizeitpark ist. Schrämwalzen, Lademaschinen, Schilde, Förderbänder, Transportbahnen, Bohrgerät und Pumpstationen können besichtigt und in Betrieb genommen werden. Dazu gehört der alte Förderturm mit den gigantischen Seilzügen, die man teils noch bis zum Schluss mit Dampf antrieb.

Der Eingang führt gleich in den Buntsandsteinhang. Zuerst muss man eine Jacke und einen obligatorischen Helm anlegen und – glauben Sie mir – Sie werden sie auch hier brauchen.

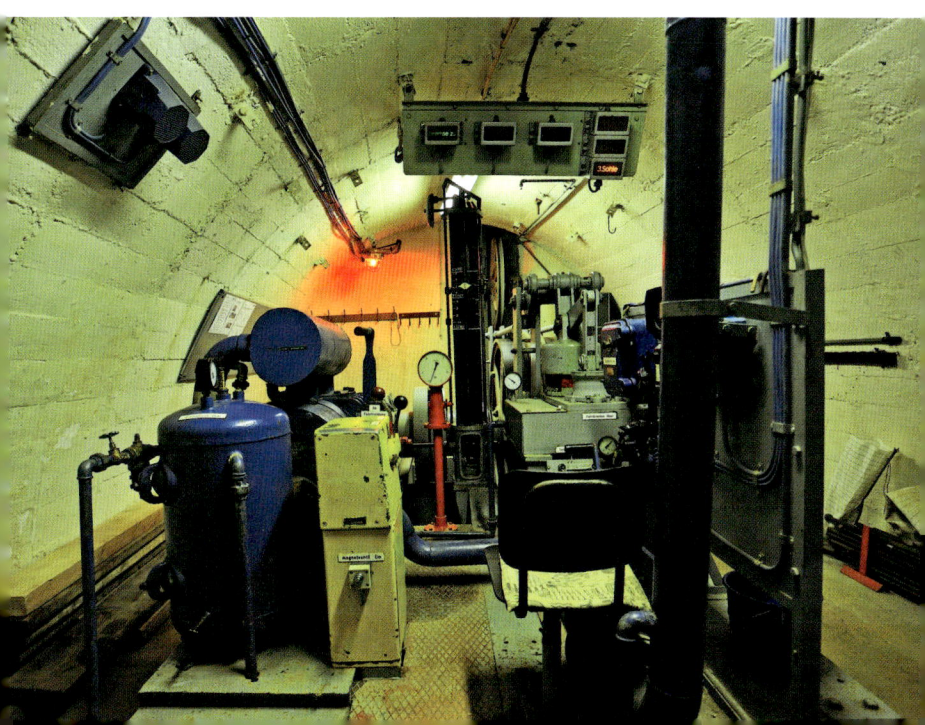

Der Maschinenraum des Blindschachts im Erlebnisbergwerk Velsen.

So einheitlich gestylt geht es zur Einfahrt, was bedeutet: Man betritt den Stollen. Schon zu Anfang werden wir von einer wilden Schar Zwerge überholt. »Geburtstagsfeier!«, erhalten wir als Kommentar von dem gemäß der Bergaufsicht für uns zuständigen Steiger, »Ist keine Seltenheit hier.« Die Kleinen dürfen mit einem pneumatischen Bohrhammer ein Loch in die Wand bohren oder besser meißeln. »Das kommt bei dem Jungbergvolk immer gut an«, erklärt mir der Profi lachend. Endlich darf ich es auch versuchen und ... schaffe gerade einmal 2 Millimeter.

»Ja, das war kein Spaß, hier zu arbeiten«, lausche ich den Erkenntnissen eines Ehemaligen, der in Velsen ausgebildet wurde. Nun zeigt er seiner Freundin, wie es so zugeht unter Tage, in seinem Fall ansonsten in Ibbenbüren, wohin die Ruhrkohle AG viele Bergleute ins Exil verbannt hat. Er tippt mir auf die Schulter, gibt mir mit ernstem Gesichtsausdruck zu verstehen, ich solle jetzt ihn einmal machen lassen und ... schafft nicht einmal die 2 Millimeter. Ja, das ist halt immer noch kein Spaß hier.

Weiter hinten erfahre ich, dass es unter Tage zur Verständigung Signale gab, sozusagen Morsezeichen: Dazu wurden Lichtzeichen, Hupen und Glocken eingesetzt. Warum das so war, demonstriert der Steiger umgehend: Er schaltet eine der Maschinen an und schon verstehen wir kein Wort mehr von dem, was er sagt. Erst nachdem sie wieder abgestellt ist, können wir den Ausführungen weiter folgen. Zu den Besonderheiten der Anlage in Velsen gehört ein Blindschacht mit einer funktionierenden Seilfahrtseinrichtung, die für bis zu acht Personen zugelassen ist. Das Bergwerk Velsen ist stolz auf seine druckluftbetriebene Koepe-Förderanlage, die einzig noch funktionierende in Deutschland. Hierbei wird das Förderseil über eine Treibscheibe (nach ihrem Erfinder »Koepescheibe« genannt) zu den Förderkörben geführt. Auch das Förderband ist für den Transport von Personen zugelassen. Über Tage gibt es ebenfalls noch etwas zu sehen, so etwa die gigantische Dampffördermaschine, die älteste des Saarlands. Nach deren Besichtigung ziehen wir uns zurück in die »Kaffeekisch«, eine der letzten noch betriebenen Bergmannskantinen hierzulande. Besondres beliebt zur Stärkung ist dort nach wie vor das Bergmannsfrühstück, bestehend aus Brötchen oder »Weck«, wie es bei uns heißt, Lyoner, Senf und Bier. Das weckt die Lebensgeister nicht nur alter Bergwerksveteranen.

Das Grubenmuseum in Bexbach

Direkt am Rosengarten und dem kleinen Wiesenflughafen liegt im Bexbacher Hindenburgturm das gemütliche Bergbaumuseum. Es existiert seit 1934 und wurde zeitgerecht eingerichtet, was heute natürlich antik anmutet. Zu den Ausstellungen gehört eine realistisch gestaltete unterirdische Bergwerksanlage, ein echtes, begehbares Museum.

Das ist recht abenteuerlich, wie wir noch sehen werden.

Zunächst einmal geht es mit dem Aufzug nach … oben. Nach oben? Richtig. Denn auf der 7. Etage befindet sich eine Aussichtsterrasse, von der aus man einen weiten Blick über den sogenannten Saarkohlenwald und die Graspiste des Flugplatzes Bexbach hat. Das Gelände weist einige Relikte des Bergbaus auf, so beispielsweise Betriebsgebäude oder Halden.

Doch zurück zum Museum. Dort, in den tieferliegenden Etagen, erzählen die zahlreichen in Vitrinen befindlichen Modelle spannende Geschichten aus der Unter-Tage-Welt und zeigen in verkleinertem Maßstab die Dimensionen eines Kohlebergwerks. Hier erfährt man einiges über die Geschichte, die Technik, die Sicherheitsvorkehrungen und die sozialen Komponenten des Bergbaus.

Mich faszinieren vor allem der komplizierte Aufbau einer sehr kleinen Atemschutzmaske – nicht größer als eine Dose Handcreme – und der original 50er-Jahre-Mief eines authentischen begehbaren Direktorenbüros. Und so arbeitet man sich von oben nach unten durch die einzelnen Stockwerke mit ihren unterschiedlichen, aber immer interessanten Themen – etwa die einzelnen Phasen des Saarbergbaus, das bergbauliche Sozial- und Siedlungswesen etc. – und kommt dabei an großformatigen Bildern der Tagesanlagen aller saarländischen Gruben vorbei. Vom Erdgeschoss aus geht es dann an den Abstieg in den Stollen, wo das Abenteuer losgeht. Und das hat es in sich. Ein Tipp: Klettern Sie die erste Leiter rückwärts herunter, Sie ersparen sich dadurch womöglich mehrfache Knochenbrüche. Der Eingang ist extrem niedrig, es erfordert besondere Fortbewegungstechniken, gebückt gehend oder auf den Knien kriechend, um hineinzugelangen. Die Ausstellungstücke sind Originale und zeigen Maschinen und Techniken der unterschiedlichen Epochen des Bergbaus. Was einen richtigen Bergwerkbetrieb ausmacht, ist der unglaubliche Krach. Der fehlt zum Glück, sodass man ohne Ohrenschützer auskommt. Hier gibt es keinen Lärm. Es ist aber geplant, diese ohrenbetäubende Geräuschkulisse bei den Führungen per Supersoundanlage für wenige Augenblicke einzuspielen, um den Besuchern einen Eindruck von der Arbeitsatmosphäre der Bergleute zu vermitteln.

Zu sehen sind dort u. a. eine Lafettenbohrmaschine, eine Ladestelle mit Kohlewagen, eine Kulibahn, eine Einschienenhängebahn und vieles mehr – alles zum Anfassen, zum Bestaunen, denn es sind Originalteile. Wie schmal die Lokomotive doch ist! Fast hätte ich gar nicht bemerkt, dass ich plötzlich mitten in einem Bahnhof stehe. Von dort aus gibt es einen Ausgang durch ein »Mundloch« in den Blumengarten.

Im Schatten seiner hohen Bäume lässt es sich vortrefflich von den Strapazen unter Tage erholen.

Eindrücke vom Grubenmuseum: unten die Wäschekammer (l.) und eine Bergmannsausrüstung (r.), auf der rechten Seite ein unterirdischer Bahnhof (o. l.), hydraulische Schilde (o. r.), ein Stollen (u. l.) sowie Fräs- und Fördermaschinen (u. r.).

Auch von außen durchaus beeindruckend: das Grubenmuseum in Bexbach.

Das Ende des Bergbaus

Erdbeben und unersättliche Gier nach dem schwarzen Gold begleiteten das Finale. Es war nur eine Frage der Zeit.

»Denn die Zwerge waren gierig geworden und schürften tiefer und tiefer und erweckten etwas, das besser ewig geschlafen hätte«, so hätte J. R. R. Tolkien es wohl formuliert, wenn er dabei gewesen wäre, jedenfalls muss es so ähnlich gewesen sein, als die Ruhrkohle AG den Vortrieb derart rücksichtslos einsetzte, dass es immer wieder zu Erschütterungen des Erdreichs kam. Am Samstag, dem 23. Februar 2008, gegen 16:30 Uhr, erreichte das künstliche Beben im Gebiet Primsmulde Süd schließlich den Wert von 4,5 auf der Richterskala und ließ Kirchen und Straßenzüge wackeln. Dachziegel und Gesteinsbrocken flogen auf die Wege, verletzten aber erstaunlicherweise niemanden. Selbst bei uns klirrten die Gläser im Schrank. Sogar bis ins ferne Südfrankreich drangen die seismischen Wellen der Plattenverschiebungen, so registrierten feine Messgeräte. Aus den Befürwortern des Bergbaus wurden nun erbitterte Gegner desselben und die zogen vor das Haus des damaligen Ministerpräsidenten Peter Müller. Als Reaktion auf die Revolution der Straße flohen die Bergbaubosse ganz aus dem Saarland. Zahlreiche Kumpel wurden nach Ibbenbüren in Nordrhein-Westfalen versetzt, wo sie teilweise heute noch arbeiten. Doch auch die Tage dieses Werks sind gezählt.

Eine Mine haben wir hier im Saarland noch: die Kalksteingrube Auersmacher, die letzte in Betrieb befindliche hierzulande. Sie liefert den Kalk, den die Dillinger Hütte als Zuschlagstoff benötigt. Aber so richtig zählt das nicht mehr. Das endgültige Ende des »Lebenszyklus Bergwerke an der Saar« zeichnet sich bereits deutlich ab.

Heiß geht es her

Alchimie in Schmelzöfen

Feuertaufe am Litermont

Der Litermont ist seit jeher die Quelle von Erzen und Sagen. So liegt an seinem Fuße, gleich neben dem Kupferbergwerk (siehe Seite 78 ff.), zwischen Düppenweiler und Piesbach eine alte Kupferschmelze. Sie wurde 1775 eingerichtet. Das zu Tage geförderte Abraummaterial wurde im Pochwerk gebrochen, zerkleinert, über Sieben gewaschen und in den Öfen daneben geschmolzen. Dazu brauchte man Feuer, das die Holzkohle lieferte.

In Laboratorien (sogenannten Probierstuben) wurde experimentiert, wie man das Element *Cuprum* am besten rein gewinnen könne. Und es gab erstaunliche Ergebnisse. Ohne den Atomaufbau zu kennen und die chemischen Prozesse auch nur annähernd zu verstehen, fand man heraus, dass man mit Kohlenstoff (»Karbon« oder schlicht »Ruß« genannt) das Kupfer veredeln konnte.

Am ersten Wochenende nach Christi Himmelfahrt wird hier in den nachgebauten Schmelzöfen demonstriert, wie man anno dazumal arbeitete. 1775 war alles schon stark mechanisiert. Große Wasserräder trieben sowohl das Hammerwerk als auch die Blasebälge für die Öfen an. Der Lärm muss schier unerträglich gewesen sein. Das Erz wurde mühsam verhüttet, bis endlich Kupferbarren daraus wurden. Das war so anstrengend, dass man nach nur zehn Jahren die Schmelze einstellte.

Beim jährlichen Kupferabstich unserer Tage (mit Musik, Festzelten und allem, was so dazugehört) ist es immer ein Erlebnis, wenn das Halbedelmetall tatsächlich flüssig aus dem Ofen spritzt. Nach langer Schmelzdauer wird der Ofen, der zuvor zugemauert wurde, wieder aufgebrochen. Nun erst zeigt sich, ob das Metall fließt oder mit der Schlackezange herausgenommen werden muss. Auch wenn das gewonnene Produkt einem Laien wenig attraktiv erscheinen mag, der Fachmann erkennt seinen wahren Wert sofort.

Der Wasserturm der Neunkircher Hütte.

Die Neunkircher Hütte

1593 wurde ein Eisenwerk in Neunkirchen erstmals erwähnt. Und wie es sich für den Vorfahren eines globalen Konzerns gehört, in einem Schuldenbuch. Wie es schien, blieben einige Handwerkerrechnungen offen, nachdem Graf Albrecht von Nassau-Weilburg, der Betreiber der Hütte, dahingeschieden war.

Der Name der »Stummschen Reithalle« – heute eine bekannte Veranstaltungslocation – erinnert noch an die Besitzerfamilie, die das Werk 1806 erworben und zu einem Marktführer der deutschen Eisenindustrie gemacht hatte. Übrigens standen die Gebrüder Stumm schon um die Jahrhundertwende in einem ausgefochtenen Handelskrieg mit den Röchlings in Völklingen. 1971 fusionierten beide Werke und es entstand die Saarstahl AG, ein Unternehmen, das sich nun im Mehrheitsbesitz der indi-

Impressionen der Neunkircher Hütte:
▼ *die Gichtbühne, ein alter Hochofen.*   ◄ *Ein Abgaskamin.*

schen Familie Mital befindet. Heute thront der Herr Stumm still vor dem Eingang des Saarpark Centers, eines der größten Einkaufsparadiese im Ländchen und seinem weiteren Umfeld. 1982 wurde die Eisenproduktion in Neunkirchen eingestellt und die Anlage anschließend abgebaut. Man munkelt, Chinesen hätten die Produktionsstätte Stück für Stück auseinandergeschraubt, die Teile nummeriert verpackt und irgendwo in China wieder zusammengesetzt. Heutzutage steht jedenfalls kaum noch etwas von dem Werk.

Eine Besonderheit Neunkirchens ist das AHA. Das Kürzel steht für »Altes HüttenAreal« und bezeichnet ein Sammelsurium an Überbleibseln aus der jahrhundertealten Eisentradition: Mitte der 1990er Jahre wurde aus dem schmutzigen Industriegelände eine Parklandschaft, auf der Maschinenteile ausgestellt sind, für die Neunkirchen berühmt war. Und wie

Und noch weitere Eindrücke:
▶ *Der alte Gasometer.*
▼ *Die Gebläsehalle.*

es sich für ordentliche Saarländer gehört, ist alles feinsäuberlich beschriftet. Zum AHA zählen die Meisterhäuser aus dem Jahre 1882, zwei Hochöfen, wobei Hochofen II als erster Museumshochofen gilt. Ofen VI besitzt noch drei Winderhitzer und die Gichtbühne und ist bei Führungen zu besteigen. Auch eine Schule, eine Kirche und soziale Einrichtungen aus der Ära Stumm liegen auf dem rund 4,5 Kilometer langen ausgeschilderten Rundweg, der durch das Areal führt. Die ehemalige Gasgebläsehalle ist nun eine »Eventlocation« mit 1 000 Sitzplätzen. Ebenfalls zum AHA gehört der Wasserturm von 1936, allerdings enthält er kein Wasser mehr, sondern Kinos und einige Kneipen sowie ein Fitnessstudio. Und schließlich ist noch die bereits genannte Stummsche Reithalle erwähnenswert, die einmal als Pferdebahn für die Kinder der Hüttenbesitzerfamilie errichtet wurde und heute als Veranstaltungsraum dient. Auch ansonsten stößt man allenthalben auf unzählige Erinnerungen an die Stumms, wie eine private Kapelle, Stelen und Gräber. Wer sich dafür interessiert, findet auf dem Schleifenweg genügend entsprechende Hinweise. Es ist nicht zu leugnen, dass der Stumm-Clan viel für die Stadt und das Umland getan hat und fest mit der Geschichte des Saarlands verwoben ist.

Auch in der Stadt selbst finden sich Denkmäler, die an das Vergangene erinnern, Eisenschmelzer, zum Beispiel.

Neunkirchen war einst reich, die Direktoren und Vorarbeiter verdienten gutes Geld, welches sie in ihre Häuser investierten, etwa in der Stumm- oder der Hüttenbergstraße. Die meisten dieser Prachtvillen sind heutzutage noch so interessant wie ehedem, wenn sie inzwischen auch von Nachbargebäuden umbaut worden sind.

Doch zurück zum AHA. Auf dem Weg vorbei an Hochofen, Wasserturm, einem Restaurant und dem Riesenkamin hin zum Hüttenpark sitzt im Schatten ein sehr alter Mann. Ausgerechnet heute sind es gefühlte 75° C Außentemperatur und der Schweiß rinnt nur so. Selbst auf der schattigen Bank unter den Alleebäumen ist es nicht angenehm, dennoch setze ich mich und kontrolliere gewissenhaft meine Fotoausrüstung.

»Alles kabudd!«, sagt der Mann und weist mit seinem Krückstock auf die Fläche vor ihm. »Genau wie damals, als alles in die Luft geflogen ist.« (Natürlich spricht er im Dialekt, der nicht unbedingt zu verstehen ist, darum erlaube ich mir eine «Transkription« seiner Worte, die in etwa so klangen):

»Alles kabudd gewähn, domols.«
»Wann?«, frage ich.
»Ei, neinzehnhunnertdreiundreizisch.«
»Daran erinnern Sie sich?«
»Isch war acht gewähn, domols, als alles in die Luft gefloh iss und halb Neinkirje gebronnt hat.«

Ich erfahre, ohne nachzufragen, dass im späten Winter 1933 der Gasometer explodierte und mehr als 60 Menschen mit in den Tod riss. Der Stadtteil Niederneunkirchen war danach praktisch verschwunden.

»All Farb war wie weggeblohs, nur noch grau unn schwazz hann isch gesiehn.«

Er zeigt in die Leere. »Do hinne hat er gestonn.«

Aha, aber dort steht immer noch ein Gasometer, mächtig, dick und offenbar in Betrieb. «Neunkircher Stahl» prangt in riesigen Lettern auf ihm, wie um die alte Zeit nicht vergessen lassen zu wollen.

Der Alte dämmert leise dahin, ich höre ein Schnarchen. Er macht ein Nickerchen.

Ich muss los, verabschiede mich und schleiche davon. Als ich kurz darauf wieder an der Bank vorbeikomme, ist der Greis verschwunden. Womöglich hat er sich in der Gluthitze einfach aufgelöst, so wie auch ich gleich.

Überrascht recherchiere ich nach und finde bestätigt, was der alte Herr mir über die Katastrophe von 1933 erzählt hat. Die gewaltige Explosion hatte eine erdbebenähnliche Erschütterung ausgelöst und die umstehenden Gebäude wie Kartenhäuser in sich zusammenfallen lassen. Die Nachricht von dem Unglück ging damals um die ganze Welt.

Heutzutage steuern viele das AHA hauptsächlich wegen des großen Einkaufszentrums an.

Das Denkmal des Freiherrn von Stumm auf dem gleichnamigen Platz in Neunkirchen.

Die Völklinger Hütte

Ein absolutes Highlight der saarländischen Hüttenepoche steht in Völklingen. Hier ist die gesamte Eisenproduktionsszenerie auf kleinstem Raum zu bestaunen – sehr beeindruckend: eine in sich abgekapselte Welt, ein Refugium, damals eine Hightech-Zelle, perfekt entworfen, präzise und streng funktional umgesetzt. Zum Glück hat die UNESCO das Hochofen-Ensemble 1994 zum Weltkulturerbe deklariert – übrigens als erstes industrielles – und somit unter Schutz gestellt.

Beginnen sollte man den Rundgang in der Gasgebläsehalle. Die gewaltigen Aggregate dort hat man mit Abgasen aus der Eisengewinnung befeuert und so Strom und Wind erzeugt, um die Feuersbrünste in den Schmelzöfen mit Sauerstoff zu versorgen. Und das schon ab 1900! Gegenwärtig werden diese Hallen für Ausstellungen genutzt. Dort waren neben den Kelten und Legenden der Popmusik auch bereits Pharaonen zu Gast. Selbst jetzt, wenn ich in meinem Kämmerlein darüber schreibe, meine ich den Hauch von Ölen in der Nase zu spüren, der wohl ewig in diesen Räumen hängen wird. Welch ein Dreck muss das dort gewesen sein. Und was für ein Lärm!

Weiter führt der Weg über die Straße zum eigentlichen Kern der Anlage. Dort befinden sich die schrägen Seilaufzüge, die Trümmerstraßen, wo das Erz gebrochen wurde und die unverändert bedrohlich aussehen, gleich daneben die Sinteranlage, die noch vom Staub bedeckt ist. Die ausgeklügelte Organisation, mit der die einzelnen Seilbahnloren mit Erzen, Zusatzchemika-lien und Koks beschickt wurden und oben an den Hochöfen an-kamen – einfach gigantisch.

Bei einem meiner Besuche dort treffe ich auf einen ehemaligen Hüttenarbeiter. Er erzählt: »Ei dodefonn hann mir nix gewusst.« (All das spielte sich selbst für uns Hüttenarbeiter im Verborgenen ab.)

»Sie wollen sagen, Sie wussten nicht, was Sie taten?«

»Ei jo, ja klar, a paar Stähle ware so geheim, dass nit all Leit an jedem Owe geschafft hat. Mir musste halt die Klapp halle.« (Einige Stähle waren so geheim, dass nicht alle Arbeiter an jedem Ofen beschäftigt wurden und man schweigen musste.)

Wir steigen die endlosen Metallstufen zu einem der Türme hinauf und blicken hinein. Der Anblick ist überwältigend.

Blick in die Hochofengruppe.

»Das muss ja ganz schön gestunken haben hier«, entfährt es mir.

»Ja, und nicht nur das«, bestätigt mir ein anderer erfahrener Veteran, »es war immer heiß und eiskalt zugleich. Im Winter bei Schnee, im Sommer bei Regen. Mehr als 1 000° C im Ofen und Eiszapfen in den Haaren unter dem Helm.«

Ich verstehe, was er meint, und kann es mir lebhaft vorstellen. Ein Blick in die gewaltigen Brennkammern beruhigt nicht wirklich. »Sagen Sie, sind das da Steine?«

»Schamottsteine.«

»Wie bitte?«

»Da drin wurde Eisen geschmolzen. Was denken Sie denn? Da kann man natürlich keine Eisenwände gebrauchen.«

In der Tat: Die Brennkammern sind mit feuerfesten Schamottsteinen ausgekleidet, da nur diese die Höllenhitze aushalten, der Stahl nimmt ja schließlich lavaähnliche Konsistenz an und hätte jede Metallhülle gleich mitgeschmolzen.

Nach dem Abstieg ist man unmittelbar bei der Abstichstelle. Hier wurden zuvor zugemauerte Löcher aufgestoßen und dann

Die Erzhalle. ▼   *Die Trockengasreinigungen.* ▶

Die Gebläsehalle. strömte die glühende Masse wie dünnflüssige Lava nach außen.

»An dem Hochofen ist ja gar keine Tür«, wundere ich mich.

»Ei, was mensche dann, Kerle. Do hats keen Diere genn, die wärre jo weggebloss gen, wärre die.«, klärt mich der erste Stahlwerker auf. Ich verstehe, dieser Hitze und diesem Druck würden Türen und Scharniere nicht standhalten.

»Aber dann konnten Sie ja erst beim Abstich feststellen, ob die Mischung richtig war.«

»Ei jo, was denkschd denn du? Mir hann so manche Ladung umgeschmolz oder als niedrischer Stahl verhöhgert.«

Das war also ein echtes Vabanquespiel, von dem man im Voraus nicht wissen konnte, wie es ausgehen würde. Während das flüssige Material in bereitgestellte Pfannenwagen floss, und zwar durch erstaunlich kleine Rinnsale im Boden, nahmen Männer in glitzernden Asbestanzügen Proben und stellten die Qualität des Produktes fest.

Gegenüber der Abstichstelle befindet sich ein Ort, den die hartgesottenen Eisenarbeiter damals ironisch »Paradies« nannten: die

Kokerei. Heute dagegen gibt sie keine Vorstellung mehr davon, wie dreckig und aufwändig die Herstellung von Koks aus Kohle war (und eigentlich immer noch ist). Verlassen wartet dort noch ein an Mad-Max-Filme erinnerndes Gefährt, das einst zusammengeschweißt worden war, um den sengend heißen Koks zu verladen.

Die Technik zur Koksherstellung ist uralt: Steinkohle wird zertrümmert, fein gerieben, von oben in schlanke, hohe Mauerschächte gefüllt, deren Entnahmeöffnung man an der Seite mit Lehm verschließt, und einige Tage bei mittlerer Flamme ohne Sauerstoffzufuhr hartgebacken. Dabei entstehen Teer, Benzol und Schwefelsäure sowie eine Reihe von Nebenprodukten – den entsprechenden Gestank kann man sich vermutlich vorstellen. Hier in Völklingen hat ein Megamonster, nämlich die Koksofenbeschickungs- und Entlademaschine, in der Mitte der beiden Ofenbatterien die Ofenkammern einzeln bestückt und dann, nach dem Verbrennungsprozess und nachdem Männer die mit Lehm verschlossenen Öfen geöffnet haben, den Koks herausgeschoben, woraufhin er noch glühend mit Wasser abgelöscht wurde.

Bis vor wenigen Jahren hatten wir zu Hause auch eine Koksheizung. Im Frühjahr und Herbst wurde der Koks angefahren und vor die Tür gekippt. (Eine Anmerkung, die heutzutage gerade für junge Leser wichtig erscheint: Der Koks damals war anthrazitgrau und nicht weiß.) Mühsam haben wir in Körben und Schubkarren die leichten Kokssteinchen hinters Haus getragen und in den ehemaligen Schweinestall geschüttet. Von dort wurde – außer im Hochsommer – morgens, mittags und abends ein unermüdlicher Ofen gefüllt, der als Zentralheizung unsere Stuben kräftig wärmte. Das ging folgendermaßen: Zuerst unten aufmachen, rütteln, Asche rausziehen, dann oben öffnen, neuen Koks nachfüllen, Temperatur prüfen und beide Klappen wieder schließen. Anschließend Hände waschen, Gesicht säubern und Zähne putzen, um den feinen Kohlenstaub aus dem Mund zu spülen. Doch das ist alles vorbei! Heute kommt das Ölauto mit vereinbarten Ratenkrediten, damit man eine Tankfüllung überhaupt bezahlen kann.

Aber nun zurück nach Völklingen. Dort wurden die Rohstoffe in unterirdischen Silos gelagert; darüber befand sich ein Bahnhof mit Waggongleisen, und Lorenwaggons kippten verschiedene Erze und Chemikalien in den Vorratskeller. Die massigen, nach oben offenen Räumlichkeiten bieten sich heute als Ausstellungs-

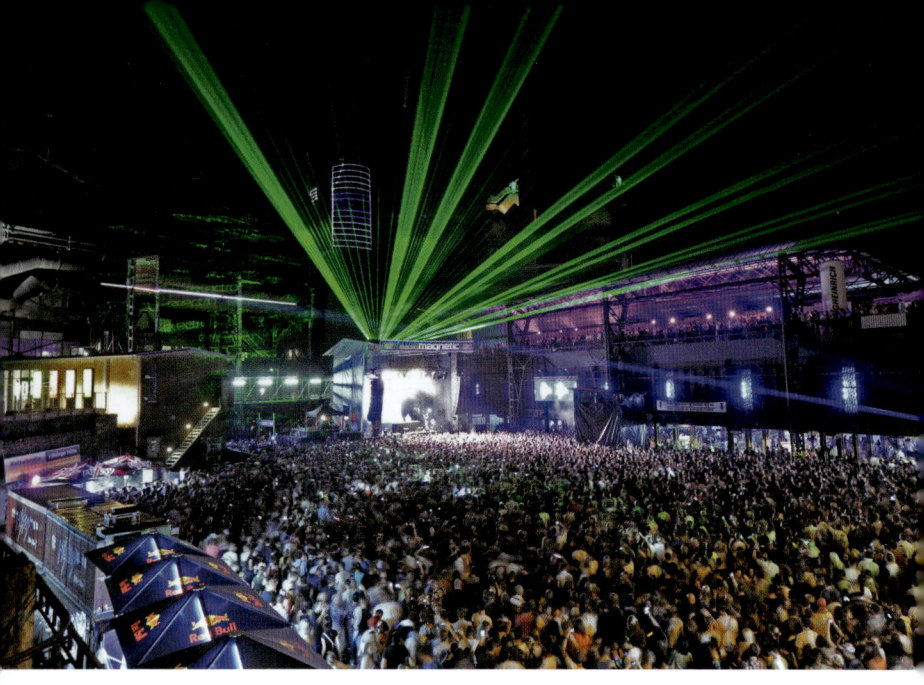

2013 fand in der Völklinger Hütte das Festival für eletronische Musik »Electro-Magnetic« statt.

fläche an oder als Drehort für apokalyptische Filmszenarien. Weiter führt der Weg durch verschlungene Eisenkonstruktionen, in denen auf mehreren Ebenen unterschiedliche Produktionsschritte durchgeführt wurden. Das viele Grün (in Bürokratensprache nennt man das »Spontanvegetation mit Überwuchs«) war damals noch nicht hier, glaube ich. Eine zusätzliche Ausstellung, der Ferrodome, zeigt nochmals auf gesonderte Art und Weise die Prozesse der Eisenherstellung. Was uns wie ein niedriger Kellerraum erscheint, war früher ein brutaler Arbeitsplatz: laut, schmutzig, krank machend, aber wichtig für die gesamte Gesellschaft und das Wirtschaftswachstum. Wenn man da so durchgeht, zieht man unwillkürlich den Kopf ein.

Das Gelände ist für Rollstuhlfahrer und Kinderwagen bis auf die Gichtbühne gut geeignet, da es neben den vielen Treppen auch Rampen und Aufzüge gibt. Den interessanten Höhepunkt der Besichtigung, die Besteigung des Hochofens, kann allerdings nur erleben, wer gut zu Fuß ist und sich zutraut, einigermaßen schwindelfrei über Gitterrostreppenstufen zu steigen. Die Aussicht von

Die Völklinger Hütte bei Nacht (Installation »Licht – Lumière« von Hans-Peter Kuhn).

hier oben ist überwältigend und lohnt die Mühe. Richtung Osten erblickt man das neue Stahlwerk, das unter einer blauen Verkleidung verborgen ist. Unter sich erkennt man die Einschienenbahnloren, das Gewirr der Rohre und Leitungen, die komplexe Anordnung der Kokerei, der Ladestationen und des Verladebahnhofs für die Bestückung der Hochöfen.

Erstaunlicherweise hat sich kaum etwas an der Produktion geändert. Beim heutigen Saarstahl-Unternehmen passiert versteckt hinter einer blauen Abdeckung exakt das, was hier unter freiem Himmel geschah: Große Öfen werden gespickt mit Erzen und Chemie, das zähfließende Metall wird abgeschöpft, »gelöscht«, verarbeitet und dann geformt. Einzig die Art der Bearbeitung wirkt moderner: Elektroöfen kommen zur Anwendung, hydraulische Pressen und ein Verfahren, das rund um die Uhr unablässig Edelstahl erzeugt.

Die Völklinger Hütte ist auch der Schauplatz zahlreicher großartiger Events – von Ausstellungen über künstlerische Installationen bis hin zu Konzerten reicht das Programm. Und die Kulisse ist schlicht einzigartig – ein Muss nicht nur für Technikfans.

Die Ausstellung »Schädel – Ikone. Mythos. Kult.« im Weltkulturerbe Völklinger Hütte.

Die (Saar-)Franzosen

Eine kurze Geschichte der Neuzeit

Die Neuzeit definiere ich jetzt einfach mal frech als beginnend bei Napoleon Bonaparte, damit wir eine Einschränkung vornehmen können. Der kleine Mann mit der Hand am Bauch wütete heftigst, oder vielmehr seine Armeen. Er selbst zog mehrfach durchs Ländchen. Einmal soll er bei Saarbrücken sieben Eichenbaumsämlinge gepflanzt haben, warum auch immer. Ich weiß nur noch von »Drei Eichen«, die in meiner Kindheit von den ursprünglichen sieben noch übrig geblieben waren und im Norden die ehemalige Grenze zum Riegelsberger Forst markierten. Da fällt mir ein Klassenkamerad ein, der seinen und den Namen seiner Liebsten nachts dort einritzen wollte und prompt von seinem Nebenbuhler verpfiffen wurde, noch ehe er sein Werk vollenden konnte. 50 Mark hat ihn das gekostet, denn die Holzgewächse standen unter Denkmalschutz. So manch ein hiesiger Vertreter meiner Generation mag sich vielleicht noch an das halbfertige Herz erinnern. Als sich die Saarbahn ihren Weg nach Norden bahnte, vergaß man den Denkmalschutz jedoch prompt und schlug die Bäume ab. Einfach so!

Das Saarland war stets der Zankapfel inmitten der Reiche. Stellen wir uns das bildlich vor: Deutschland (Preußen) zur Rechten, Frankreich zur Linken und wir sozusagen mittendrin. Zuerst mochte uns jeder, dann wiederum keiner. Bis 1955 war es ein langer Weg und ihn pflasterten fürchterliche Kriege.

Fangen wir mit Napoleon III. an. Er erklärte bekanntermaßen am 19. Juli 1870 Preußen den Krieg. Sofort standen seine Truppen vor den Toren Saarbrückens an den Spicherer Höhen. Das Provinzkaff war total überrumpelt, befand sich doch nur eine kleine Kompanie Lanzenreiter vor Ort. Diese Ulanen mussten zusehen, wie die Grenztruppen der Grande Nation ohne Widerstand die Höhenzüge des südlichen Saarbrückens (nahe dem heutigen Deutsch-Französischen Garten) besetzten. Es war klar, dass sie die Weltstadt einzunehmen gedachten. Was tun? Da hatten die cleveren Spicherer einen genialen Einfall. Die bunt ge-

Denkmal auf den Spicherer Höhen zu Ehren des Hohenzollernregiments Nr. 40, zur Erinnerung an die Schlacht vom 8. August 1870.

Alte Postkarte mit Motiven von den Spicherer Höhen.

wandeten Kavalleristen ritten Tag für Tag in endlosen Schleifen schön hintereinander durch das Städtchen und hinter ihnen schwenkten Oberschüler in farbenprächtiger Kleidung ihre Spielzeuggewehre. Die Franzosen dachten »Mon Dieux, das sind abär vielä« und bemerkten nicht, dass es sich stets um dieselben Akteure handelte. Sie stoppten ihren Vormarsch, warteten und zögerten. Am 6. August stürmten dann die als Verstärkung eingetroffenen Preußen die Anhöhe und vertrieben den Gegner, der sich nahezu kampflos zurückzog. Es gab Scharmützel und bedauerlicherweise sogar Tote, aber das war nichts im Vergleich zu einer Erstürmung der Stadt und der Plünderung, die anschließend unweigerlich erfolgt wäre. Allein, es nutzte nicht viel – kurz darauf bombadierten die Franzosen die Stadt und nahmen sie schließlich doch noch ein.

Im Ersten Weltkrieg wurden entlang der saarländischen Grenze die Bauern, die am Samstag noch gemeinsam auf den Feldern standen und die Ernte einholten, einer nach rechts, einer nach links in gegnerische Heere abkommandiert. Am Dienstag schossen sie aufeinander. *Im Westen nichts Neues* ist heute noch Pflichtlektüre an saarländischen Schulen und so mancher Jugendliche beklagt sich, dass diese Art der Literatur nicht gerade die Leselust fördert, sondern das alte Feindbild aufs Neue entfacht. Doch nicht weit von uns, bei Verdun in Frankreich, wurden 300 000 Soldaten in nicht einmal einem Jahr verheizt. Ein Besuch auf diesem Schauplatz des Grauens lässt einen mehr über den menschlichen Wahnsinn erfahren als jede Lektüre es vermag.

Nach dem Ersten Weltkrieg blieb das Saargebiet, wie es damals hieß, wieder für sich – von 1920 bis 1935 war es aus dem Deutschen Reich ausgegliedert und Mandatsgebiet des Völkerbundes –, das Elsass war zerstört und verbrannt; Hass und Misstrauen beherrschten beide Parteien, nicht ganz zu Unrecht, wie sich wenige Jahre später herausstellen sollte.

Eigene Briefmarken, die Landwirtschaft, Kohle- und Stahlerzeugung als kleine Kunstwerke zeigten, wurden mit dem Franken als Währung gedruckt. Auf ihnen sah man fröhlich winkende, hart arbeitende Menschen und einige Naturdenkmäler bzw. Bauten. Nun hat Frankreich zwar nicht unbedingt gewonnen, Deutschland aber eindeutig verloren: Wohl gehörte das Saargebiet gemäß dem Versailler Vertrag auch während der Mandatszeit völkerrechtlich noch zu Deutschland, doch erhielt Frankreich das Eigentumsrecht an den Kohlengruben und Eisenbahnen und so lenkte der westliche Nachbar erneut die Geschicke des Saargebiets, das wirtschaftlich und politisch von diesem abhängig war. Die *Saarbrücker Zeitung* sollte auf Französisch erscheinen, was nicht gelang, der aufkommende Rundfunk wurde unterdrückt. Angst schnürte vielen die Kehle zu.

Zum Unglück aller kam die NSDAP wie ein Donnerschlag daher, mit markigen Sprüchen und einfachsten Lösungen. Dass wir in eine böse Falle getappt sind, haben wir, wie zahllose andere auch, zu spät gemerkt. Etliche Stimmen behaupten, dass die Abstimmung »Heim ins Reich« von 1935 – der Volksentscheid nach Ablauf der Mandatszeit, bei dem 95 Prozent der Saarländer für eine Zugehörigkeit ihres Ländchens zu Deutschland stimmten – von den Nazis gefälscht wurde. Wie dem auch sei, ein weiteres Mal erwischte es uns. Diesmal gerieten wir in den menschenverachtenden Plan der Nazis und wurden als letzte Bastion gegen die Alliierten mit dem Westwall als Verteidigungslinie bestraft. Wer je den Irrsinn des Krieges an-

Der Eingang zum Ehrenfriedhof im Deutsch-Französischen Garten, der nach der Schlacht auf den Spicherer Höhen angelegt wurde.

schaulich demonstriert sehen möchte, muss sich nur eine dieser heute noch existierenden Bunkeranlagen ansehen. Nach dem Weltkrieg hat man sie aufgegeben, nur wenige sind gut erhalten und dienen inzwischen als Mahnmal.

Die Nazis gingen (hoffentlich endgültig) unter und wir blieben wieder auf uns allein gestellt, dieses Mal als Protektorat Frankreichs, dem man uns wirtschaftlich erneut angliederte, allerdings mit eigener Regierung und Verfassung. Eigentlich wollten sie ja mehr, die Franzosen, nämlich das gesamte linksrheinische Gebiet von Deutschland abspalten, das aber wurde von den übrigen Siegermächten mit Verweis auf die Atlantikcharta abgelehnt. Also einigte man sich eben auf den wirtschaftlichen Anschluss.

1952 schickte das Saarland gar eigene Mannschaften zu den Olympischen Sommerspielen nach Helsinki.

Johannes Hoffmann, damals saarländischer Ministerpräsident, träumte von einem unabhängigen Staat, der große europäische Institutionen auf neutralem Boden beherbergen sollte. Sein Projekt war das Saarstatut, das ebendies vorsah und von Konrad Adenauer und seinem Amtskollegen aus Paris, Pierre Mendès France, ausgehandelt wurde. Das allerdings fand bei der saarländischen Bevölkerung keine Mehrheit: Zwei Drittel stimmten bei der angesetzten, heftig umstrittenen Volksbefragung dagegen. Das Ergebnis wurde als Wunsch der Saarländer interpretiert, sich Deutschland anzuschließen und so wurde das Saarland diesem schließlich als zehntes Bundesland angegliedert. Doch das Jahr 1955 hat tiefe Narben und Wunden hinterlassen, die heute noch schmerzen. Es gibt kaum jemanden aus der älteren Generation, der damals nicht unter Druck stand oder gesetzt wurde. Arbeitgeber zwangen ihre Angestellten, eine bestimmte Richtung einzunehmen, andernfalls drohte der Rauswurf, was angeblich mehr als einmal geschah. Die Brüche zerstörten gewachsene Familienstrukturen und eskalierten in blutigen Schlägereien auf offener Straße und in Kneipen. Staatspropaganda und kirchlicher Segen, alles wurde eingesetzt, um einseitige Interessen wahrzunehmen.

Denn die Interpretation des Volksentscheids war im Grunde genommen ein Missverständnis. Wir hatten ja nur gegen die Unabhängigkeit gestimmt, nicht aber für die Zugehörigkeit zu Deutschland. Letzteres entschied man dann über unsere Köpfe hinweg, man hat uns nie wieder gefragt. Auch das hat eine gewisse Tradition mit sich gebracht, vor allem, wenn Parteipolitiker nach den Bundestags- oder Landtagswahlen verkünden, der Wähler habe ihnen den Auftrag zu einer großen Koalition gegeben. Haben wir das wirklich?

Wir wussten, ehrlich gesagt, nie so ganz, zu wem wir gehören. Heutzutage wird die Forderung laut, das Saarland mit Rheinland-Pfalz zu verbinden, was auf Rebellion stößt, und zwar auf beiden Seiten. Und so steht sie weiterhin irgendwie im Raum, die Frage nach unserer – nationalen und internationalen – Identität, unser ganz persönliches »Sein oder Nichtsein« ...

Heulen und Zähnefletschen

Der Wolfspark Werner Freund und
andere zoologische Perlen im Saarland

Das winzige Saarland besitzt gleich zwei Zoos und mehrere Wildparks, darunter eben den faszinierenden Wolfspark Werner Freund in Merzig, sowie kleinere Gehege. Doch fangen wir mit der schönen Landeshauptstadt an.

Der Saarbrücker Zoo

Der Zoo der Saarmetropole hat eine unglückliche Vergangenheit. 1932 gebaut, im Krieg völlig ausgebombt und 1956 neu errichtet, erlebte er von 2000 bis 2010 erneut eine sehr schwarze Zeit. Zuvor – im Jahr 1995 – starb ein Wärter, als er einer Elefantenkuh ein Kunststückchen beibringen wollte, wodurch der Zoo seine Lizenz zur Haltung von Elefanten verlor. 2005 wurde der Direktor entlassen und die Suche nach einem Nachfolger gestaltete sich zum Politikum. Es erscheint eigentlich logisch, dass die Stadt die Chefs der eigenen Betriebe selbst auswählen möchte, doch dies hier geriet zu einer extrem langwierigen Suche und somit zu einer Farce. Die zwischenzeitlichen Leiter führten den Park nur kommissarisch, sodass wichtige Investitionen nicht getätigt werden konnten. Die Gehege verfielen zusehends, immer mehr Tiere mussten den Zoo verlassen, die Kinderspielplätze verwahrlosten, 2 Hektar Fläche im Norden des Geländes wurden zu einem Wohnviertel umfunktioniert. Wer weiß, vielleicht plante der Stadtrat ja schon lange, den nördlichen Teil an private Bauträger zu verscherbeln und nun bot sich die Gelegenheit. Alles lag danieder; ja, sogar der Fortbestand des Tierparks als solcher schien fraglich.

Das hat sich zum Glück geändert. Wer den Zoo noch aus dieser Zeit kennt und seitdem meidet, sollte ihm eine zweite Chance geben. Er hat sich herausgeputzt. Neue Gehege sind dazugekommen, notwendige Renovierungen durchgeführt worden.

Erdmännchen im Saarbrücker Zoo.

Der Saarbrücker Zoo ist auch landschaftlich sehr reizvoll.

Jaguar im Saarbrücker Zoo.

So steht man kurz hinter dem Eingang mit etwas Glück gleich einem Jaguar Aug in Aug gegenüber, denn zusätzlich zu den obligatorischen Gitterstäben gibt es nun Glasscheiben, die einem den Eindruck ermöglichen, dem Tier ganz nahe zu sein.

Zu den Neuheiten gehören auch die Australienanlage für Kängurus und Emus, ein großes Gepardenhaus sowie ein Gehege für Erdmännchen; außerdem wurde das betagte Seehundebassin endlich durch ein moderneres ersetzt, das an der Stelle des alten maroden Spielplatzes errichtet wurde. Dessen ansprechend gestalteter Nachfolger befindet sich nun wiederum neben dem Bistro, das Fastfood und Getränke bietet und zu Pausen einlädt. Auch die Pinguine haben ein neues Zuhause und die Flachlandgorillas können nun nachts den Sternenhimmel anschauen und träumen. Tatsächlich wurden sie dabei gefilmt, was einiges an Aufsehen erregte.

Als jüngste Attraktion hält jetzt ein roter Panda Hof im Zoo, der inzwischen also in der Tat wieder durchaus sehenswert ist: zwar kleiner als zuvor, aber sehr fein und ansprechend.

Der Neunkircher Zoo

Wegen der Debakel im Saarbrücker Zoo besaßen wir jahrelang Jahreskarten des Neunkircher Zoos, den wir mit den Kindern oft besucht haben. Die Affenbande auf dem Berg, der Aussichtspunkt mit Blick auf die Elefanten, die Freiflugshow mit einem Adler, der direkt über die Köpfe der Zuschauer hinwegschwebt und daher liebevoll »fliegende Dampfwalze« genannt wird, die netten Tierpfleger dort – all das gefiel uns gut. Das alte Aquarium ist inzwischen neu aufgebaut, ebenso wie das Elefantenhaus. Zum Pflichtprogramm eines Besuchs dort gehören die gerade erwähnten Freiflugshows der Greifvögel, die allerdings ab und zu einen Internetaufruf nach sich ziehen: »Wer unseren amerikanischen Seeadler gesehen hat, bitte melden. Besonderes Kennzeichen: lange Schnur an den Füßen.« Die fliegen halt frei, so ist das.

Der Neunkircher Zoo ist ein Bergzoo. Man muss unendlich viel klettern und stark abfallende Wege hinabgehen, was bei Kinderwagen gute Bremsen und bei uns festes Schuhwerk erfordert.

Doch zum Glück gibt es auf halbem Wege noch die Weinprobierstuben eines allseits bekannten Weinguts. Nach etlichen Kostproben diverser Rot- und Weißweine geht es doch erheblich schneller den Berg hinunter. Am Ende des abschüssigen Wegs erwarten einen dann friedlich weidende Giraffen und Zebras.

Drunten im Tal bei den Bibern zieht es die Sprösslinge an den Pferden vorbei den steilen Berg wieder hinauf auf einen tollen Spielplatz. Und wir Erwachsene dürfen uns gleich daneben über einen Kaffee freuen. Hier ist stets unser Rastpunkt. Man hat die

Kurz vor der Landung: die »fliegende Dampfwalze«.

Kinder im Blick und in der Nähe halten sich kaum gefräßige Raubtiere auf. Die Sonne scheint, es gibt aber genug Schatten und gleich nebenan kreischen die neuseeländischen Keas, die heute zur Abwechslung eine Armbanduhr auseinandernehmen. Hach, das Leben kann so schön sein.

    Weiter oben erreicht man die Zooschule, ausgestattet mit einem feinen Souvenirladen. Und wer mag, kann den Zoobesuch draußen noch mit einer Runde Minigolf beschließen.

Der Wolfspark Werner Freund

Mit Betroffenheit habe ich vom Tode Werner Freunds im Februar 2014 erfahren müssen, eines Mannes, von dem ich dachte, er sei unsterblich. Nach unzähligen Expeditionen rund um den Erdball und einer Zeit, die er mit Bären verbrachte, kam er auf den Wolf. Der Spezialausbilder bei der Bundeswehr im Überlebenskampf hatte zeit seines Lebens gegen das Aussterben und für die Anerkennung der Wölfe gekämpft. In mehr als 30 Jahren zog er über 70 Wölfe groß und erforschte sie. Sie respektierten ihn als Rudelführer. Deana Zinßmeister, die bereits erwähnte erfolgreiche Autorin historischer Romane aus Heusweiler, hat ihn für ihr Buch *Die Gabe der Jungfrau* als Berater gewinnen können und ihm eine Erwähnung in den Danksagungen gewidmet.

Bei Merzig durfte Freund im Gemeindewald ein gewaltiges Areal für seine Zwecke nutzen: Er richtete dort den Wolfspark ein.

Im selben Ort findet sich auch das Expeditionsmuseum Werner Freund, in der Propsteistraße 4: Von seinen zahlreichen Expeditionen brachte der Forscher umfangreiches anthropologisches Material mit, das nun hier ausgestellt ist. Wie bei allen kleineren Museen sind die Öffnungszeiten allerdings sehr begrenzt, bitte informieren Sie sich im Internet darüber (siehe Webadresse auf S. 259).

Doch zurück zum Wolfspark. Werner Freunds Führungen dort waren immer sehr aufschlussreich, nicht nur wegen seines beindruckenden Wissens über diese Tiere, sondern auch, weil er zu lehren wusste, wie viel Wolf in uns anderen Geschöpfen steckt. Auch wenn er zuweilen störrisch und etwas egozentrisch daherkam, seine Vorträge bereicherten den, der genau zuzuhören vermochte, erheblich.

Wölfe werden oft falsch eingeschätzt. In Deutschland sterben Menschen durch Hundebisse, Kinder werden von Hunden angegriffen und tragen womöglich ihr Leben lang tiefe Narben an Leib und Seele davon. In der Vergangenheit gab es solche Vorkommnisse bei Wölfen praktisch nicht. Es sei denn, sie wurden gejagt und in die Ecke getrieben.

Nichtsdestotrotz läuft einem heute noch ein Schauder über den Rücken, wenn man nur an eine wütende, keifende Wolfsfratze direkt vor sich auf einem dunklen Waldpfad denkt. In Horrorfilmen ein gern genutzter Effekt. Der wirkt auch bei Ihnen? Sehen Sie! Derzeit kocht die Diskussion um das Aussiedeln dieser Tiere in die freie Wildbahn wieder hoch – es bleibt spannend.

Im Wolfspark von Merzig kann man bei einem einstündigen Rundgang über gepflegte Waldwege den *Canis lupus* durch haushohe Sicherheitszäune hindurch beobachten – wenn man denn einen Blick auf ihn erhascht, denn Meister Isegrim ist klug und meidet den *Homo sapiens* geflissentlich.

»Sie kennen den Menschen halt seit mehreren tausend Jahren und haben zumeist schlechte Erfahrungen gemacht«, erläutert Tatjana Schneider, die Wolfsforscherin und jetzige Leiterin des Parks.

Zusammen mit ihr und Michael Schönberger, ihrem Mitarbeiter, machen wir uns auf zur Fütterung ins Tal der weißen Wölfe. Ein

Siesta: ein Timberwolf im Wolfspark Werner Freund.

*Ein Polarwolf.
Schneeweiß, ja. Aber kuschelig?*

Tipp: Die Polarwölfe sind fast immer in der Nähe des Zauns anzutreffen und bieten daher tolle Motive für Nahaufnahmen.

»Die sind aber schön schneeweiß und kuschelig«, tut eine Besucherin kund und wird gleich korrigiert: »Also die haben es echt faustdick hinter den Ohren. Sie erkennen im Menschen keinen Feind, so wie seine europäischen Verwandten. Sie haben kaum Scheu. Die harten Lebensumstände in der Arktis und dem Norden zwingen sie aber zu Blitzmanövern, ohne große Taktik.«

Zubeißen und abhauen ist demnach ihre Devise, ohne zu zögern.

»Welche Wölfe sind am gefährlichsten?«, erkundigt sich jemand aus der kleinen Gruppe. Eine Frage, die auch mich brennend interessiert, denn so, wie Tatjana mit ihren Wölfen kuschelt, mag man gar nicht glauben, dass diese Tiere eine Bedrohung darstellen können.

»«Gefährlich« ist ein unpassendes Wort«, erklärt Michael Schönberger, während seine Kollegin von den weißen Monstern abgeschmatzt wird.

»Wenn man mich vor die Wahl stellen würde, welchem dieser Rudel ich in der freien Natur lieber begegnen würde, dann würde ich mich für die aus Europa entscheiden. Die heulen und machen so richtig Krach, bevor es losgeht und irgendwas geschieht«, ruft Tatjana aus dem Gehege.

Die Polarwölfe lassen sich die ganzen Hähnchen schmecken, die man ihnen als Mahlzeit serviert. Selbst aus der gefahrlosen Entfernung sorgen die Geräusche von knackenden Kiefern und brechenden Knochen für eine Gänsehaut bei den Zuschauern.

»Was war Ihr bisher schönstes Erlebnis mit den Wölfen?«, möchte ich von Tatjana Schneider wissen, die seit 23 Jahren hier forscht.

»Vor einigen Jahren hat ein Rudel Polarwölfe gleich dreifachen Nachwuchs bekommen. Ich habe acht Monate von früh bis spät mit ihnen verbracht und beobachtet, wie die Jungen von den Alten erzogen und unterrichtet worden sind. Ein unbeschreibliches Abenteuer. Sie haben den Kleinen ganz genau gezeigt, wie man Beute schlägt und zu Boden reißt. Denn nur ein Tier, das liegt, birgt kaum noch Gefahren. Diese Erfahrung sollte in ein Kapitel in einem Buch einfließen, aber nun wird daraus wohl ein eigenes Werk.« Ihre Augen leuchten, als sie das erzählt, und ich weiß das Erbe von Werner Freund nun in den besten Händen.

Die Wege des Wolfsparks sind sehr gut ausgebaut und auch für Rollstuhlfahrer und Kinderwagen bequem passierbar. Einer der Premiumwanderwege führt mitten durch die Anlage und leider grenzt einer der vier Nordic-Walking-Pfade der Gemeinde Besseringen ebenfalls an sie, das Klappern der Stöcke kann durchaus störend sein. Normalerweise ist es hier aber sehr ruhig. In einigen Winkeln sogar so sehr, dass man die Stille beinahe hören kann.

Und ganz im Gegensatz zu dem, was wir uns vielleicht vorstellen mögen, geht es auch in den Gehegen recht ruhig zu, die Rudel liegen oft einfach irgendwo in einer Ecke. Ob schneeweiß, schwarz oder grau, hier finden alle Wolfsrassen ein Zuhause bzw. Revier. Die Gruppen sind überschaubar und ihr Auslauf im Unterschied zu dem in Zoogehegen recht groß, versichert Michael Schönberger, der das Leben der Wildtiere in atemberaubenden Bildern dokumentiert.

Und dann heulen sie doch noch. Wir sind hier oben auf einem der Beobachtungstürme vollkommen sicher – uns kann nichts passieren. Und dennoch: Die Nackenhaare sträuben sich einem unwillkürlich – ganz von selbst.

»Jedem sei Gärdsche mit Gemies und Blume«

Lustgärten und Gartenlust

Nichts geht dem Saarländer so zu Herzen wie sein Garten. Da wir aufgrund der Arbeitsstruktur (Hütten und Gruben) über viel Grundeigentum verfügen, verwandeln wir obendrein kleinste Parzellen in blühende Landschaften.

Früher war es noch häufiger so, dass wir »nach hinten raus« gelebt haben. Egal, wie es vor der Tür an der Straße aussieht, in den Wohnungen ist es überraschend gemütlich und der Garten topp gepflegt.

Kaum ein Bundesland hat prozentual so viele Obst- und Gartenbauvereine und diese wiederum Mitglieder aufzuweisen wie das Saarland. Einen Apfelbaum hat nahezu jeder in seinem Garten stehen. Die meist dörfliche Struktur unseres Bundeslandes bietet gewaltige private Areale, die es zu mähen und zu bepflanzen gilt. Selbst in Neubaugebieten achtet man darauf, dass man ein bisschen Fußball spielen kann und eine Schwenkerecke Platz findet. So sind Grundstücke unter 600 Quadratmetern eine Seltenheit. Und zusätzlich gibt es noch zahlreiche öffentliche Parks und Gartenanlagen. Schattige Plätzchen sind für uns das Ah und Oh. Konsequenterweise gibt es unzählige baumbestandene Gartenlandschaften, von denen ich hier meine liebsten vorstellen möchte.

Leider suchen Sie in diesem Buch vergebens einen Artikel über den Botanischen Garten der Universität des Saarlandes. Dieser wurde nämlich am 1. April 2016 geschlossen. Er fiel dem Sparzwang des Landes zum Opfer. 2 100 Raritäten und viele unter Artenschutz stehende Pflanzen sind auf dem teuersten Komposthaufen der saarländischen Landesregierung gelandet. Und eine so fundierte und lebendige Wissensvermittlung im Bereich Botanik gerade für Kindergärten und Schulen wird so schnell keine andere Institution mehr zu bieten haben.

Doch wenden wir uns nun den gartenbaulichen Preziosen zu, die uns noch geblieben sind.

Farbenpracht im Park Finkenrech.

Der Deutsch-Französische Garten

»Als eine der wenigen, großen Parkanlagen bundesweit, in der Formensprache der 50er und 60er Jahre, bietet der Deutsch-Französische Garten Erholung und Entspannung für alle Generationen.« So steht es auf der Homepage. Ich hätte es nicht treffender formulieren können. Die Betonung liegt auf den 50er Jahren!

Dabei hat die Anlage eine wechselvolle Geschichte. Im bereits erwähnten Deusch-Französischen Krieg von 1870/71 hatte dort, wo heute Blumen blühen, die Schlacht unterhalb der Spicherer Höhen getobt. Danach wurde im nördlichen Teil des Areals das Deutschmühlenbad eingerichtet, in dem ich noch mit meiner Schulklasse geschwommen bin – heute prunkt dort ein modernes Privatbad mit entsprechenden Preisen, das Calypso; es ist sein Geld aber wert, der Servive ist excellent.

Im südlichen Teil legte man den Saarbrücker Zoo an. Im Zweiten Weltkrieg war das Gebiet des heutigen Deutsch-Französischen Gartens Teil des Westwalls, wovon noch Bunker zeugen, wie bereits erwähnt wurde.

Die Wasserorgel.

Als Zeichen der Freundschaft mit Frankreich eröffnete Konrad Adenauer mit seinem französischen Amtskollegen Michel Debré am 23. April 1960 die erste und einzige »Deutsch-Französische Gartenschau«.

Und dann fror man das Gebiet ein. Als »Kulturgut der Nachkriegsjahre« gilt der Garten. Und genauso wie damals sieht er auch heute noch aus: Nierenform, Lilienästhetik und Mintfarben. So kommt die Bimmelbahn daher, die offensichtlich noch die Holzbänke aus meiner Kindheit hat. Seitdem sind zwar dennoch einige Veränderungen am Park vorgenommen worden, doch haben diese meines Erachtens nicht immer zu seinem Vorteil gereicht. So ist es bedauerlich, dass die Gulliver-Welt nicht mehr existiert, ihre Instandhaltung war einfach zu teuer. Ich denke aber gerne an die winzigen Denkmäler zurück, den Flughafen, um den eine Gartenbahn fuhr, wenn man fünfzig Pfennige eingeworfen hatte. Neben dem Eiffelturm fanden die Pyramiden und für mich als Kind so manch Unbekanntes hier ein würdiges Plätzchen. Doch alles geht zu Ende, so auch dieser Teil meiner kleinen Welt. Und zum Glück

Die Bimmelbahn – ein Relikt aus früheren Tagen.

gibt es ja noch mehr zu entdecken. Draußen am Deutschmühlenweiher, dem Kernstück des Parks, wird die Wasserorgel nach wie vor gespielt. Zu jeder vollen Stunde sind klassische und moderne Stücke zu hören, die durch das Spiel der Fontänen untermalt werden. Bis 2015 fand hier das größte Feuerwerk im Südwesten statt. Sehenswert sind auch die Themengärten: das Tal der Blumen, das, wie der Name schon sagt, eine wahre Blütenpracht entfaltet; dann der Garten am Silberahorn, ein Terassengarten; nicht zu vergessen der Rosengarten mit seinen über 8 000 verschiedenen Rosenarten, der in einen deutschen und einen französischen Teil aufgegliedert ist, in welchen jeweils nur Sorten von Züchtern aus dem jeweiligen Land gezeigt werden; und schließlich das Ehrental, einer der ältesten Soldatenfriedhöfe Deutschlands, umrahmt von Eichen, Linden und Zypressen, auf dem Deutsche und Franzosen begraben liegen, die in der Schlacht auf den Spicherer Höhen ihr Leben ließen. Die uralten Grabsteine erzählen ihre eigenen Geschichten, man muss nur zuhören können.

Doch im Deutsch-Französischen Garten geht es nicht nur beschaulich zu. Hier werden auch diverse Veranstaltungen abgehalten, so etwa alljährlich im August die Mittelaltertage. Dann kann man drei Tage lang in eine fremde Welt eintauchen (allerdings gegen Eintritt). Neben den unterschiedlichsten mittelalterlich kostümierten Gestalten laufen dort dann auch alle möglichen Fantasywesen wie Orks und Figuren aus Mangas und Rollenspielen herum.

Außerdem gibt es dort dann hochkarätige Autorenlesungen (am Ort des Drachenwinkels), Rittervorführungen (am Südeingang oben auf dem Hügel), allerlei Feines zum Essen und Laben sowie tolle Musikkonzerte. Kurz, man muss schon wirklich die kompletten drei Tage dort verbringen, um alles zu erleben.

Wer das nicht so mag, ist außerhalb dieses Termins im größten mir bekannten Staudengarten gut aufgehoben. Es gibt regelmäßige Führungen, auch literarischer Art. Ich schwärme oft von dem fantastischen Arboretum mit wundervollen Solitärbäumen und einem einfach genialen Bachlauf. Im Sommer ist er von Kindern belagert, die nach Herzenslust spritzen dürfen. Liebe Eltern, Wechselkleider mitnehmen!

Am Südeingang des Gartens befinden sich ein Kinderspielplatz und der bereits erwähnte wunderschöne Rosengarten. Außerdem gibt es im Park verschiedene Cafés, Restaurants und

Kioske. Die Preise für Speis und Trank sind dort nicht höher als in der Stadt. Als ich vor einiger Zeit meinen Cappuccino bezahlen wollte, reichte ich der Bedienung wohlweislich einen Fünfeuroschein und bekam zu meinem Erstaunen vier Euro zurück. Unglaublich. (Eine Garantie für diesen Preis übernehme ich aber nicht.)

Wer mag, kann auch mit der Seilbahn fahren, ein Tretboot mieten oder Enten und Schwäne füttern. An sonnigen Wochenenden ist im Deutsch-Französischen Garten immer sehr viel los, aber eben gemütlich, ganz im Sinne der 1950er Jahre. Er hat eben einfach Flair.

Finkenrech

Der sehr sehenswerte Park Finkenrech ist gar nicht so einfach zu finden, aber mit Navigationsgerät sollte das dennoch kein Problem sein. Tipp: Wenn Sie von der Landstraße L303 abbiegen, sehen Sie gleich zu Beginn eine Parkreihe für Autos. Fahren Sie getrost noch ein Stückchen weiter und biegen Sie kurz vor dem einzigen Gebäude weit und breit links ab. Dort finden sie zusätzliche und sogar bequemere Parkmöglichkeiten.

Parklandschaft in Finkenrech.

Als der Landkreis Neunkirchen hier für seine Bevölkerung eine Gartenlandschaft einrichtete, beteiligten sich zahlreiche Pflanzenvereine daran und bauten den Park ehrenamtlich auf. Rosen, Lilien, Dahlien und Fuchsien prägten das Bild – Graf Bernadotte von der Insel Mainau taufte hier eine Dahlie auf seinen Namen. Schöne Waldwege, sanfte Hügel und wunderbare Blumenarrangements waren damals ein Publikumsmagnet. Dann gab es jedoch eine Phase, in der die Gartenanlage mehr und mehr verkam, das heißt, sie diente parteipolitischem Gezänk und »modernen Landschaftsgärtnern« als Experimentierfeld, so zumindest kam es uns Bürgern vor. Finkenrech wurde gar als einer der Gärten ohne Grenzen im fernen Saar-Lor-Lux-Kreis deklariert, aber sein Flair ging dahin. Beton und Einheitsbrei bestimmten fortan das triste Bild.

Doch mittlerweile ist die Anlage erneuert worden und wieder wirklich wunderschön.

Neben schattigen, großzügig angelegten Spazierwegen gibt es am Eingang oben an der Straße eine fantastische Leseecke: einen in einer alten Telefonzelle eingerichteten öffentlichen Bücherschrank und gleich daneben bequeme Liegen, die dazu einladen, umgehend in den soeben entliehenen Druckwerken zu blättern. Was gibt es bei schönem Wetter Herrlicheres als Lesen in der freien Natur?

Dahinter zweigt nach rechts eine große Schleife zum Staudengarten ab, mit einem atemberaubenden Ausblick auf Hightech vom Feinsten: Windkrafträder in Hülle und Fülle.

Als Geräuschkulisse dazu versorgt uns der in der Nähe liegende Kleinflughafen von Marpingen mit dem notwendigen Sound, denn eine totale Stille können wir uns ohnehin nicht mehr vorstellen.

Links gelangt man zum erst kürzlich angelegten Asiatischen Garten. Man findet darin einen Zengarten, bestimmt von in Kies geharkten Mustern, einen Landschaftsgarten, in dem mit der Kombination von Wasser, Gehölzen, Moos und Fels gespielt wird, einen Teichgarten, der auch in der größten Hitze Erfrischung bietet, und einen schattenspendenden Bambushain. Großbonsais und eine Kirschbaumallee komplettieren das asiatische Gepräge, das durch seine Ruhe und Stille besticht.

Hinter dem Landhotel befinden sich unter anderem Informationsstände des Imkereikreisverbands Neunkirchen.

Der Asiatische Garten in Finkenrech.

Am Hauptweg sind Felsen der typischen Saarregionen ausgestellt, darunter auch ein Exemplar des Taunusquarzits, des Gesteins, das die Saarschleife beherrscht. Dies ist der geologische Lehrpfad (siehe Abb. Seite 31).

Neben dem Hotel geht es den Hügel abwärts. Dort lädt der Spielplatz die Kinder zum Toben ein. Anstatt sich an den Klettergeräten zu versuchen, deren Benutzung teilweise eine gehörige Portion Mut erfordert, können sie aber auch zu Waldindianern werden, Esel durch den Forst begleiten und lernen, wie wichtig beispielsweise Baumpilze für die Natur sind.

Der gewaltige Arzneipflanzengarten Finkenrechs beweist, dass gegen fast alles ein Kraut gewachsen ist: Hier werden 100 an der Zahl vorgestellt.

Im Duftgarten duftet es, wie der Name schon sagt, in jeder Ecke – Lavendel, Rosmarin, Fenchel ... Ein Feuerwerk für die Sinne.

Auf einem riesigen Areal sind auch Bauerngärten zu sehen, was für so manchen Städter eine Überraschung darstellt.

Etwa 3 700 Rosen blühen auf den mehr als 1 500 Quadratmetern des Rosengartens, der seinerseits selbst in der Form einer langstieligen Rose angelegt worden ist. Hier finden sich neben alten Rosensorten auch diverse Wildrosen und natürlich die »Finkenrech-Rose«. Auch eine Gartenlaube gibt es und das kleine Amphitheater lädt Kinder dazu ein, Clown zu spielen oder Tänzerin.

Neben den regelmäßigen thematischen Gartenführungen werden auch andere Veranstaltungen in Finkenrech angeboten, so etwa Bauern- und Mittelaltermärkte. Das gastronomische Angebot des Restaurants Orangerie, das auch über eine Sonnenterrasse verfügt, ist ebenfalls sehr empfehlenswert. Der Latte macchiato schmeckt einfach köstlich dort, ebenso das Steak.

So hat der Park gute Chancen, zu einem viel besuchten Ausflugsparadies zu werden, das mit unzähligen Sinneseindrücken lockt. Und er hat noch einen weiteren Pluspunkt: Der Eintritt ist frei. So ist Finkenrech für mich ein Juwel unter den Parkanlagen und ein Geheimtipp für einen entspannten Sonntagmittag.

Der Garten der Sinne

In Merzig, versteckt auf den Hügeln in Richtung des Wolfsparks Werner Freund, liegt ein winziges Kleinod: der Garten der Sinne. Gleich hinter dem Eingang erwartet den Besucher eine gartenarchitektonische Überraschung. Hier werden in der Tat (fast) alle Körpersinne angesprochen: Riechen, Sehen, Hören und Fühlen. Auf nahezu 20 000 Quadratmetern breitet sich ein Universum der Pflanzenvielfalt aus. Wunderschöne Arrangements, Skulpturen, Stauden in unglaublichen Farben, Urgewächse in ihrer vollen Pracht (sogenanntes Unkraut, bestens in Szene gesetzt; oder, wie wir aus dem Behördendeutsch gelernt haben: »Spontanvegetation mit Überwuchs«). Es ist wirklich ein ganz besonderer Ort und der Eintrittspreis erschwinglich.

Auf dem Merziger Kreuzberg kann man in derzeit elf von Hecken umrahmten »Gartenzimmern« schwelgen. Bänke laden zum

Verweilen ein, hier kann man sich einfach von der Sonne bescheinen lassen und den Duft von Blumen ganz neu empfinden, in der Ferne erklingen dazu leise Töne aus dem Klanggarten. Auch hier gibt es einen Rosen-, einen Kies- und einen Duftgarten. Die Kids können im Wassergarten plantschen.

Und praktischerweise kann man auch einige der hier gesehenen Pflänzchen käuflich erwerben sowie feine Gartenutensilien und ausgesuchte Andenken. Und ein nettes Gartenbistrot gibt es natürlich ebenfalls.

Übrigens: Die Jahreszeiten kreieren auch hier stets neue Bilder und Kompositionen. Man kann also ruhig mehrfach herkommen und wird immer etwas Anderes zu entdecken haben.

Blumen betören die Sinne im Merziger Garten.

Mehr Wanderwege als Straßen

Wälder, Wanderungen und eine weltberühmte Schleife

Niemand weiß mehr so recht, wie es passieren konnte, aber sie haben sich vermehrt wir die Karnickel. Und plötzlich waren es Dutzende. Wir nennen sie Premiumwanderwege und sie schenken uns teilweise atemberaubende (im wahrsten Sinne des Wortes) Einblicke in die saarländische Waldnatur. Die aufmerksame Leserin, der aufmerksame Leser wird nach der Lektüre dieses Büchleins wissen, warum wir so gut wie keine Fahrradwege haben. Über Stock und Stein geht es per pedes durch Forste, Wiesen, Schluchten und Felslandschaften.

Hierzu bietet es sich an, die kostenlose App »Saarland Premiumwanderwege« aufs Smartphone zu laden und sich per GPS leiten zu lassen.

Hochwald und Bliesgau

Ein Teil dieser Wege führt uns auf einem der längsten zu kombinierenden Wanderwege (über 250 Kilometer) durch den Hochwald bis weit in die Eifel hinein. Zahlreiche Schleifen ermöglichen einem unterwegs immer wieder die schnellere Rückkehr zum Ausgangsort, falls man dann doch schwache Knie bekommt. Einige Routen sind Ganztagestouren, andere dauern nur wenige Stunden. Praktisch alle beinhalten leichte Kletterpartien, um den Ausflug interessanter zu gestalten, daher ist festes Schuhwerk angebracht. Für Rollstühle und Buggies sind die Wege allerdings leider nicht geeignet.

Das Biosphärenreservat Bliesgau erweitert seine Fläche Jahr um Jahr. Dort ist man bestrebt, den natürlichen Zustand der Landschaft wiederherzustellen. So erlebt man als Wanderer auf den ausgewiesenen Wegen urwüchsig anmutende Naturräume, in denen der Mensch sein Wirken weitgehend zurückgenommen hat. Selbstverständlich sind auf allen Routen unterwegs genü-

Elegant und majestätisch: die Saarschleife.

Blick über den Hochwald.

gend »Jausestationen« eingerichtet, wie der Bayer sagen würde; man kann dort wie Gott in Frankreich speisen oder die Lebensgeister auch nur mit einem deftigen Linseneintopf stärken, ganz nach Wunsch. Wenn Sie eine solche Tour planen, sollten Sie sich in den einschlägigen Online-Wanderführern vorab über die Öffnungszeiten und Speisenauswahl der einzelnen Betriebe informieren. Im Zweifel ist dann nach einem kurzen Blick in den Geldbeutel aber auch der geräumige Rucksack mit Platz für Lyoner und Weck bzw. Brötchen, wie es in weiten Teilen der Bundesrepublik heißt, eine gute Alternative.

Wandern kann man bei uns beinahe überall – die Landschaft ist immer wieder anders und in allen Jahreszeiten stimmungsvoll. Jeder Wanderweg hat seine Eigenart.

Schauen wir uns also jetzt einmal eine kleine Auswahl aus der Palette an möglichen Wanderungen an.

Neuhaus, der Urwald vor der Tür

Zwischen Riegelsberg und Saarbrücken gibt es einen tollen Rundweg durch einen Urwald, der beim Forsthaus Neuhaus beginnt, gleich neben dem inzwischen leider geschlossenen Restaurant. Auch ein kleines Museum ist dort eingerichtet und es werden Führungen zum Thema Wald organisiert: Man stelle sich vor, dass man uns Menschen erst wieder zeigen muss, wie ein Wald ursprünglich ausgesehen haben mag.

Der NABU startete das Projekt »Urwald vor den Toren der Stadt« 1997 und die Deutsche Bundesstiftung Umwelt (DBU) fördert es, ebenso wie der SaarForst Landesbetrieb und das saarländische Ministerium für Umwelt.

Zwar gibt es auf dem Gelände auch die Ruinen eines historischen Bauwerks zu sehen: Um 1576 errichtete Graf Philipp III. von Nassau-Saarbrücken Philippsborn, ein Jagdschloss von erstaunlichem Ausmaß. Wie vieles andere wurde es im Dreißgjährigen Krieg niedergebrannt, 1768 wieder aufgebaut und dann von napoleonischen Truppen erneut zerstört. Erst hundert Jahre später begann man zaghaft, Altes zu restaurieren. Das ist bis heute nicht so recht gelungen, doch zumindest die Grundmauern sind erhalten und noch immer mächtig.

Doch das eigentlich Besondere der Gegend sind 1 000 Hektar Wald, die seit 1997 nicht mehr forstwirtschaftlich oder landschaftlich gepflegt werden: eine der sogenannten Naturwaldzellen. Hier soll wieder das entstehen, was einen richtigen Wald ausmacht, und hier findet man echte Ruhe.

Wer mit neugierigen Augen spazieren geht und geduldig an den Rändern der Wege sucht, entdeckt so manch Erstaunliches. Anders als in anderen Landstrichen, wo man den Blick auf den Boden heftet, um Hundehaufen auszuweichen, kann man hier zu seinen Füßen wahre Schätze finden. So glitzert etwa an vielen Orten mysteriös Anthrazit zwischen dem Humus und zeugt damit von versteinerten und in Kohle verwandelten Jahrmillionen alten Pflanzen.

Das endgültige, ultimative Wahrzeichen

Immer wieder frage ich mich, warum ausgerechnet dieses gewundene Tal so beliebt ist. Wieso pilgern nahezu alle Touristen aus der Umgebung hierher? Was fasziniert sie daran? Ein Selbstexperiment soll es zeigen.

Zwischen Besseringen und Mettlach schlängelt sich die Lebensader unseres kleinen Landes auf einem gut 10 Kilometer langen Umweg um robustes Quarzgestein (Taunusquarzit, wie wir schon gesehen haben) und bildet das, was in beinahe jedem Reiseführer über das Saarland als dessen Wahrzeichen dargestellt wird: die Saarschleife. Ich habe den Hype um sie nie ganz verstanden. Gut, sie ist elegant und landschaftlich idyllisch gelegen, aber mit dem Grand Canyon kommt sie doch nicht ganz mit.

Dabei ist die Schleife sogar ein bisschen grüner als ihr (zweieiiger) Zwilling in den USA, wenn auch, zugegeben, nicht ganz so tief.

Aber dafür gibt es hier eine Besonderheit, die nicht jede Weltattraktion für sich in Anspruch nehmen kann: Im Angesicht der grünen oder im Herbst bunten Landschaft wird nahezu jeder Betrachter der Szenerie still. So still, dass man mittlerweile sogar in Hängematten in 3 Metern Höhe in den Bäumen übernachten kann.

Es ist die Ruhe, das andächtige Flüstern, die diesen heiligen Ort des Tourismus ausmacht. Und so freue ich mich, als es darum geht, Fotos von diesem herrlichen Fleckchen Erde zu machen und somit einen guten Grund zu haben, erneut an die Saarschleife zu fahren. Nicht wegen des Ausblicks, sondern wegen der Ruhe.

Ausgerechnet an diesem Tag finden wir keinen Parkplatz, jeder Winkel ist abgesperrt und parkende Karossen besetzen selbst die Notausgänge eines nahen Supermarkts. Wir müssen außerhalb ein Plätzchen suchen. »Da scheint es ein Fahrradrennen zu geben. Sieh mal, die Autos haben Fahrradträger auf der Anhängerkupplung«, bemerkt meine Frau und soll Recht behalten. Gefühlte 3 487 214,5 Radfahrer springen auf Mountainbikes über das Gehölz – eine Zahl, die der Veranstalter später geringfügig nach unten korrigiert. Aus ist es mit Ruhe und Entspannung.

Radfahrervolk. Nicht zu fassen. Können die nicht an der Saar entlang radeln, gemütlich und ohne nach Luft zu schnappen?

Mystisch und romantisch: Nebelschwaden über der Saarschleife.

Doch alledem zum Trotz erlebe ich es auch dieses Mal wieder: Auf dem Weg vom Parkplatz zur Cloef, einem 180 Meter über dem Fluss extra für den Blick auf das Panorama angelegten Aussichtspunkt im Mettlacher Ortsteil Orscholz, brummelt es in meinem Magen, so wie immer, wenn ich mich »ihr« nähere. Gleich sieht man »sie«, noch eine Biegung, dann liegt »sie« endlich vor mir. Wie eh und je, unverändert, unvergänglich, unverrückbar, majestätisch, verschwenderisch, prachtvoll – die Schleife der Schleifen.

Die begradigten Flussufer entstanden zu einer Zeit, als man in Großmannssucht noch glaubte, die Saar müsse komplett beschiffbar sein.

Der Platz, an dem ich nun stehe, die Cloef, dürfte bereits in keltischer Zeit unsere Vorfahren beeindruckt haben. Nach den Überlegungen der Linguisten und solcher, die des Keltischen mächtig sind (oder glauben, es zu sein), bedeutet der Name so viel wie »steiniges Kerbtal«. Womit bewiesen wäre, dass die hochdeutsche

Sprache nichts für Minimalisten ist: Wozu unsere Urururahnen fünf Buchstaben brauchten, benötigen wir zwei lange Wörter – vielleicht mit ein Grund, warum Scrabble sich in Deutschland nicht durchgesetzt hat. Gegebenenfalls sind aber auch die Römer die Urheber des Namens, denn *clevus* ist gleichbedeutend mit »Abhang«, was hier ziemlich treffend ist. Wie dem auch sei.

Die Cloef ist von Staatsoberhäuptern und namhaften Politikern besucht worden. 2015 hat sie eine Premiere erlebt: Wanderwege gibt es ja nun einige, ein Premiumspazierweg aber war ein Ereignis, das am 15. April 2015 gebührend gefeiert werden musste. Der neu angelegte rund 2,5 Kilometer lange Pfad führt ganz gemütlich zur Cloef und darum herum. Er ist auch für Gelegenheitswandernarren wie mich wie geschaffen. Kurzum: sehr zu empfehlen. Hier oben weht stets ein frischer Wind. Und man hat einen schönen Blick auf die Ruinen der Burg Montclair, die auch als »Wächterin der Saarschleife« bezeichnet wird und in den Wälder auf dem Bergrücken innerhalb der Schleife liegt.

Die Zeit scheint stillzustehen, wie in meiner Kindheit. Der einzig laute Fleck war damals der Märchenpark, doch der ist verschwunden, schade! Dort war ich oft als Knirps und habe den Kurzmärchen gelauscht und erstaunt verfolgt, wie die Lampen in den winzigen Hütten an- und ausgingen. Grimms Märchen in Kurzfassung, zwischen »Es war einmal ...« und »Wenn sie nicht gestorben sind ...« vergingen höchstens drei Minuten. Eine Mini-Eisenbahn fuhr herum und pfiff uns eine Begrüßung entgegen. Wir saßen auf den Waggons und kreischten und lachten. Später bin ich mit meinen Kindern hierher gefahren und davon überzeugt, dass auch sie andächtig den Märchen gelauscht haben. Das muss vorgestern gewesen sein, länger kann das unmöglich zurückliegen, oder etwa doch? Nun, es ist vorbei.

Nur die Schleife selbst tut so, als sei sie unsterblich. Der Anblick raubt mir jedes Mal den Atem. Und da dringt es in mein Bewusstsein: Ja, die Saarschleife ist zu Recht das besondere Merkmal unserer Heimat. Auch wenn die Stadt Mettlach plant, hier einen Baumwipfelpfad anlegen zu lassen. Über einen Investor versteht sich, heutzutage läuft nur noch etwas über einen Investor. Es ist angedacht, einen hohen Aussichtsturm zu bauen. Der Eintritt soll dann um die 10 Euro kosten.

Leider muss ich diesmal auf einen Kaffeegenuss im Bistro am Atrium verzichten, es ist schlichtweg überfüllt, was angesichts der gewaltigen Dimensionen dieses Baus sehr selten vorkommt. Jetzt gönnen sich die Mountainbiker dort ihre Jause nach der Anstrengung. Sie dürften unterwegs zwar kaum etwas von der Schönheit der Landschaft gesehen haben außer Waldboden und einem bisschen Grün rings umher bei Zwischenstopps. Doch sind sie alle froh, dabei gewesen zu sein. Radfahrer: unmöglich!

Zu Hause muss ich als Erstes prüfen, ob die Bremsen noch ziehen und Luft auf den Reifen ist. Wäre an der Zeit, mal wieder in die Pedale zu treten.

Man kann die Saarschleife auch von einem Ausflugsschiff aus bewundern.

Achterbahnfahrten der gemütlichen Art

Über Berg und Tal zu Seen und Planeten

Die Landschaft des Saarlands ist bekanntlich durch eine Vielzahl von Hügeln und Hügelketten geprägt: Allerorten geht es über Berg und Tal. Schauen wir uns ein paar besonders herausragende Erhebungen einmal genauer an.

Der Schaumberg

Der Schaumberg – der vulkanischen Ursprungs ist – gilt als der Hausberg des Saarlands. Zwar ist er mit seinen 569 Metern nicht die höchste Erhebung bei uns – diese Ehre bleibt dem Dollberg vorbehalten –, doch thront seine Spitze weithin sichtbar über einem deutlich flacheren Umland. Und damit man sie bloß nicht doch noch übersieht, begann man 1914 darauf zu Ehren Kaiser Wilhelms II. mit dem Bau eines Turmdenkmals. Das ist insofern beachtenswert, als einige andere Aussichtstürme, so die in Berus, Bexbach und Riegelsberg, einem gewissen Reichspräsidenten Hindenburg gewidmet sind.

Allerdings stellte man die Arbeiten nach nur 5 Metern Höhe wieder ein, es herrschte Krieg. 1930 dann entschloss man sich weiterzubauen. Was wir mal anfangen, machen wir auch fertig. Und es geschah ein Wunder: Dies war nun endlich mal ein Bauwerk, das im Weltkrieg nicht zerstört wurde.

Dafür verfiel es ganz von allein. 1972 musste der Turm schließlich abgerissen werden. Dabei sollte auch das in seinem zentralen Rundbogen eingelassene riesige Kruzifix gesprengt werden, doch die Arbeiter montierten es ab und platzierten es auf einem Hügel nahe der Autobahn A1. Noch heute erinnert ein Parkplatz daran: »Schaumbergkreuz« heißt er, leider sieht man das Artefakt nicht von dort aus. Man bemerkt es, ehrlich gesagt, von der Autobahn aus nur, wenn man nach Norden fährt, rechter Hand unmittelbar bei der Ausfahrt »Bergweiler/Tholey«.

Blick von der Baltersweiler Höhe auf den Schaumberg.

Steuern Sie nicht gleich den Pkw-Parkplatz direkt an der Straße gegenüber der Vicus-Therme an der Einmündung an, von dort aus sollte man den Aufstieg nur mit Marschverpflegung wagen. Fahren Sie besser weiter bis zum Ende, dort befinden sich ausreichend Parkmöglichkeiten.

In den 1970er Jahren errichtete man einen neuen Turm auf dem Schaumberg – ganze 36 Meter hoch; 1976 wurde er eingeweiht. Er ist als deutsch-französische Begegnungsstätte gedacht. Nach den Umbaumaßnahmen, die 2013 abgeschlossen wurden und zu denen auch die Installation zweier Aufzüge (innen und außen) gehörte, ist die Aussichtsplattform nun barrierefrei erreichbar. Und ich sage Ihnen, der Aufstieg per pedes oder die Fahrt nach oben lohnt sich absolut: Hier bietet sich dem Besucher ein atemberaubender Anblick – das gesamte Saarland in 360 Grad Breitband-Cinemascope, im IMAX-Format. Der Blick reicht bis zum Hunsrück, zum Saargau, nach Saarbrücken und bei sehr klarem Wetter sogar bis zu den Vogesen. Phänomenal.

Der neue Turm auf dem Schaumberg.

Zusätzlich gibt es zwei Ausstellungen im Turm: eine zum Thema deutsch-französische Beziehungen und eine weitere zum Klimaschutz, die den Weg von der Stromversorgung durch Kohle hin zur Windkraft erläutert. Und diese überdimensionierten Propeller drehen sich allenthalben bei uns. Überall wuchern sie aus der Erde, ragen über Waldkronen und Bergen auf, beherrschen das Pano-

Die Aussichtsplattform auf dem Schaumberg – von hier aus hat man einen fantastischen Blick in die Ferne.

rama. Nur hier auf dem Turm ist man dem Himmel ein Stückchen näher als die modernen Mühlen.

Hat man wieder festen Boden unter den Füßen, geht es in der Regel schnurstracks in die höchstgelegene Wirtschaft des Saarlands: die Schaumberg Alm. Dort kann man sich mit deftigen Speisen und kühlen Getränken für eine Wanderung stärken. Dazu lädt beispielsweise der anstrengende Herzweg ein, der einmal um den Schaumberg herumführt, oder auch die Schaumberg-Tafeltour – natürlich ebenfalls ein Premiumwanderweg –, bei der man nahezu alle Regionen des Saarlands im Blick hat. Mit dem Hinweis auf »wildromantische Bachtäler und idyllische Waldlandschaften« bewirbt die Tourismus Zentrale Saarland diesen Wanderweg. Oder man überwindet die Höhenängste und wagt sich gleich am Fuße des Turms auf einen kleinen Skywalk: eine schwebende Glasboden-

Plattform, deren Begehung einem einiges an Mut und Schwindelfreiheit abverlangt. Denn darunter geht es ein »paar« Meter in die Tiefe. Dafür bietet sie außer dem Blick nach unten auch den in die Ferne, bis hinein nach Frankreich.

Hier treffe ich eine vierköpfige Familie aus den Niederlanden, die ihre Ferien im Saarland verbringt. Sie logieren im Center Parc am Bostalsee.

»Wunderbar, einfach fantastisch«, schwärmen die Erwachsenen und auch die Kids schließen sich dem Lob an.

»Wo kommen Sie denn genau her?«, frage ich.

»Aus der Gegend nördlich von Rotterdam.«

Da auch meine Familie und ich bereits mehrfach an der dortigen Nordsee unsere Urlaubstage verbracht haben, finden wir sofort ein gemeinsames Thema. Und nicht nur das: Ich berichte, dass wir in der darauffolgenden Woche erneut zu Gast in ihrem Land sein werden. »Ich kenne keinen besseren Ort, um mit der Familie grandiosen und erholsamen Urlaub zu erleben«, schwelge ich in Gedanken an die vor uns liegenden Ferien.

»Doch!«, widerspricht die niederländische Dame. »Das Saarland.«

Das macht mich dann doch nachdenklich. »Und was finden Sie hier so besonders?«, frage ich nach.

»Die Menschen: Sie sind so freundlich und hilfsbereit. Ich glaube, das Saarland wäre nur halb so toll, wenn hier ein anderer Schlag von Leuten leben würde.«

Ich bedanke mich und beende das Gespräch, ehe man die in meinem Gesicht aufsteigende Röte für Sonnenbrand halten kann.

Nachdem ich in jeder Hinsicht wieder festen Boden unter den Füßen gewonnen habe, sinniere ich über die Worte der holländischen Feriengäste nach. Es ist schon erstaunlich und nahezu beschämend: Da bringen mich vor dem überwältigenden Panorama, das ich vom Schaumberg aus genieße – quasi das gesamte Saarland zu meinen Füßen ausgebreitet – erst ausländische Besucher darauf, dass meine Heimat ein fantastisches Urlaubsziel ist. Warum in die Ferne schweifen … !

Und so gönne ich mir gleich hier im Ferienparadies Saarland erst einmal ein wenig Entspannung und zwar in dem schönen Erlebnisschwimmbad mit vulkanischer Heizung, das direkt an der Straße liegt, die zum Aussichtsturm führt: dem Schaumbergbad.

Früher standen die Jacuzzis bzw. Whirlpools unter freiem Himmel und man musste aufpassen, dass man im Winter auf den vereisten Holzstegen nicht ausrutsche. Inzwischen ist es ungefährlicher geworden, Sprudelbäder gibt es nur noch innen.

Ein Strudel lässt mich in einem Kanal träumerisch dahintreiben; solange, bis mir einige rangelnde Jungs in den Rücken fallen. Die abenteuerliche dunkle Rutsche geht mit Tempo hinab in eine Gegenstromanlage. Spaß für groß und klein ist garantiert und das Essen durchaus bezahlbar und schmackhaft. Ein Niedrigwasserbecken für Nichtschwimmer regt dazu an, sich doch etwas tiefer zu wagen, dank eines schrägen Bodens. Ein kurzer, eiskalter Weg führt wenige Stufen hinab in das warme Schwimmwasser im Freien, das einen ungemeinen Reiz hat bei Eis und Schnee. Das Bad liegt 500 Meter hoch und es schneit hier oft. Dann gilt: Bloß nicht die Schultern aus dem Wasser heben: Gefahr von Gefrierbrand. Meine Kids haben im Schaumbergbad zahlreiche Schwimmabzeichen erworben und auch manch einer ihrer Freunde hat hier verstanden, wie wichtig Schwimmen ist. Mit stolz geschwellter Brust wurde zumindest ein bronzenes Abzeichen mit nach Hause genommen.

Hinter dem Bad beginnt ein spannender Weg vor allem für Kids: der Barfuß- und Erlebnispfad. Wanderschuhe sind hier verpönt und man steckt die Schuhe nebst Socken besser in einen Beutel. Gleich zu Beginn zieht man an Seilen und lauscht Glocken, Hämmergeräuschen und anderen Sounds. Kurz darauf kann man im Hochsommer eine besondere Dusche genießen, einen Nebel, der dem großer Wasserfälle nachempfunden ist. Unmittelbar danach geht es rechts hinein in das Fußfühlparadies. Unterschiedliche Untergründe gilt es zu ertasten, und da wird einem bewusst, wie sehr wir an festes Schuhwerk gewöhnt sind. Holzspäne, Matsch, Sand, Kies, Steine, und so weiter. Ausprobieren und nicht kneifen. Am Ende, nach einer erholsamen Schleife, erreicht man das zweite Glockentor und darf verkünden, dass man den Ausgang gefunden hat.

Wer sich den Schaumberg nun bloß als »domestizierten« Freizeitnaturpark vorstellt, vergisst dessen einstmals wilde vulkanische Natur. Vor Urzeiten herrschte hier in der Region ein reger Vulkanismus. Der Schaumberg selbst ist eine Formation, die aus glühendem Magma entstand, welches zwar machtvoll in Richtung Oberfläche drängte, letztlich jedoch nicht durch die Sedimente dringen konnte. Es erkaltete und wurde zu Ergussgestein, das nach der Ortschaft Tholey als »Tholeiit« bezeichnet wird.

Für mich ist daher der Tanz auf dem Krater stets irgendwie unheimlich, und so bin ich, ehrlich gesagt, ganz froh, wenn ich nach Hause fahren darf, weg von der Gefahr, von der drohenden Lava. Am folgenden freien Wochenende fahren wir wieder hin.

Wer ist der höchste Berg im ganzen Land?

Um diesen Titel streiten sich bei uns gleich zwei Gebirgszüge: einmal der Schimmelkopf bei Weißkirchen und dann der Dollberg bei Nonnweiler, beide im Nordsaarland und jeweils knapp an der Landesgrenze zu Rheinland-Pfalz gelegen.

Bis zum Jahre 2005 galten beide Gipfel als gleich hoch, nämlich 695 Meter. Dann aber vermaß man mit modernsten Mitteln erneut und stellte fest, dass der Dollberg 60 Zentimeter höher ist als der Schimmelkopf. Obwohl die Messungen selbst amtlich waren, findet sich bis heute keine amtliche Karte, auf der die Höhe des Dollbergs mit den gemessenen 695,4 Metern angegeben wäre. In den saarländischen Schulbüchern meiner Kinder wird der Dollberg allerdings durchaus als höchste Erhebung unseres Ländchens bezeichnet und Wikipedia meint das auch.

Den Dollberg-Höhenzug teilen wir uns mit unseren pfälzischen Nachbarn, auf dem Bergrücken verläuft die Grenze, der Gipfel jedoch liegt eindeutig – wenn auch nur wenige Meter von der »Demarkationslinie« entfernt – auf saarländischem Gebiet.

Es gibt zwar Wander- und Waldwege hoch zum Dollberg, die Landschaft um seinen Fuß mit der Nonnweiler Talsperre (siehe Seite 158) und den herrlichen Felsformationen ist aber deutlich interessanter, zumal man von oben kaum einen Ausblick genießen kann, zu dicht sind die Bäume.

Wichtig war der Berg offensichtlich schon für die Kelten, denn sie errichteten auf ihm einen Ringwall aus Steinen, der wohl zur Befestigung einer Ortschaft diente. Im Volksmund wird der Ringwall von Otzenhausen »Hunnenring« genannt, hat aber zugegebenermaßen nichts mit diesem Reitervolk zu tun, sondern ist wesentlich älter – er wird auf die Latènezeit datiert. Warum ausgerechnet hier eine keltische Festung erbaut worden sein soll, wird noch erforscht. Die in der Nähe, bei Schwarzenbach, entdeckten keltischen Fürstengräber könnten jedenfalls die Grabstätten der Herrscher dieser Wehranlage gewesen sein.

Am Eingang an der L147 von Otzenhausen kommend wird aufgrund der durch Funde gewonnenen Erkenntnisse über das Leben unserer Vorfahren ein keltisches Dorf rekonstruiert. Das Ganze nennt sich Keltenpark und kann bereits besichtigt werden. Der Komplex bildet eine autarke Siedlung nach; es wird gezeigt, wie die Kelten vermutlich lebten, welche Handwerke sie ausübten, welche Bodenschätze sich schon kannten und zu nutzen wussten und auch, wie das Klima, die Flora und die Fauna der damaligen Zeit gewesen sein mögen. Workshops und Führungen sollen dieses Geschichtserlebnis zum Anfassen komplettieren – es ist einen Besuch wert.

Der Schimmelkopf etwas weiter westlich liegt zwar inmitten des Naturparks Saar-Hunsrück, im sogenannten »Hunsrückteil Schwarzwälder Hochwald auf der Grenze der Landkreise Trier-Saarburg«, allerdings hat die Lage in einem geschützten Naturraum nicht die Ansiedlung von gewaltigen Windkrafträdern verhindern können, die nun auf dieser Bergspitze »den Wind mahlen«. Auch diesen Höhenzug teilen wir uns mit Rheinland-Pfalz. Wegen der Anlage des seit 2015 ans Netz angeschlossenen Windparks Schimmelkopf wurden die Wanderwege zu breiten Straßen ausgebaut. Hinter den Weiskircher Hochwald-Kliniken findet man einige Parkmöglichkeiten, von denen aus man über eine reizvolle Schleife um und über den Berg wandern kann. Ca. 18 Kilometer lang ist ein Premiumwanderweg, die »Weiskircher Höhentour«. Über den Schimmelkopf führt zudem der europäische Fernwanderweg E3, welcher vom Schwarzen Meer bis nach Gibraltar reicht. Einmal ausgebaut, wird er eine Wegstrecke von beinahe 7 000 Kilometern Länge haben. Natürlich sind wir Saarländer dabei, ist ja klar.

Wer den Gipfel des Schimmelkopfs erreicht, wird auf dem dort angebrachten Schild noch lesen, dass dies der höchste Berg im Saarland sei.

Bei der Tour die Augen offen zu halten, lohnt sich schon deshalb, weil der Sage nach in der Nähe Riesen ihr Unwesen getrieben haben sollen. So liegt laut Lohmeyer (*Sagen der Saar*, siehe Seite 225) ein riesengroßer Schatz in der Gegend verborgen.

Dummerweise steht er wohl unter dem Schutz des Bösen, weshalb ihn bis heute keiner hat finden können. Aber was nicht ist, kann ja noch werden. Vielleicht trifft man dort oben ja auch auf das »Wißkirchener Millenfraichen«. Einst habe die Müllersfrau ihre Kunden betrogen, so heißt es, und darum streife sie nun als Geist ruhelos durch die endlosen Wälder. Also: aufgepasst!

Der Litermont

Mitten im Saarland und damit unbehelligt von Grenzsteinen liegt der Litermont nahe Lebach. Der 414 Meter hohe Berg ist vulkanischen Ursprungs, wie sein Partner, der Schaumberg. Unmittelbar am Kupferbergwerk (siehe Seite 78 ff.) beginnt der Litermont-Sagenweg, ein Premiumwanderweg mit atemberaubenden Aussichten. Wer die Tour in den veranschlagten fünf Stunden durchsteht, wird mit einem wirklich tollen Naturerlebnis belohnt. Mich haben vor allem die Schluchten und der Steinbruch beeindruckt. Wer – wie ich – öfter gerne mal ein Päuschen einlegt, kann in Ruhe die zahlreichen Hinweistafeln studieren, die entlang des Pfades aufgestellt sind und ausführlich über die den Berg betreffenden Legenden (s. u.) informieren. Ein Weg geht auch durch einen frei zugänglichen Stollen des ehemaligen Kupferbergwerks in Düppenweiler, direkt an der Barbarakapelle.

Ein anderer Pfad startet auf dem Waldparkplatz Nalbach und führt hinauf auf den Gipfel. Diese Wanderung ist mit drei Stunden veranschlagt und, wie Sie richtig vermuten, eine Gipfeltour – was das bedeutet, sollte man wissen. Auf eben jener Kuppe hat man nach den Anstrengungen des Aufstiegs dann aber einen grandiosen Panoramablick.

Die Legenden um diesen sagenhaften Berg füllen allein ganze Bücher und würden den Rahmen dieses Werkes sprengen. Aber eine sei hier nun doch kurz erzählt:

> ### Die Sage vom Maldix
>
> *Der Sage zufolge lebte mit seiner Mutter und einem Bruder in einer Burg auf dem Gipfelpunkt des Litermonts der böse Maldix, der als Jäger mit allerlei Gelumpe durch die Wälder zog und zu*

bestimmten Zeiten noch immer ziehen soll. Für die Existenz der Burg oder des Maldix selbst fehlt jedoch jede urkundliche Bestätigung. Es existieren dort oben zwar tatsächlich ein paar Mauerreste, ob die aber römisch, gallisch, keltisch oder griechisch-orthodox sind, vermag niemand mehr so genau zu bestimmen. Jener Maldix jedenfalls war ein echtes Problemkind. Seine Mutter, Margarete von Litermont, floh, wenn er seine Anfälle bekam. Sein verwegener Drang brach ihm schließlich im wahrsten Sinne des Wortes das Genick, als er an einem Karfreitag einen schwarzen Hirsch verfolgte, der heute noch ab und an auftauchen soll, zusammen mit einer Höllensau und einem wilden Eber. Diese Tiere haben eines gemeinsam: Sie haben allesamt einige Edelleute oder eben Schurken auf dem Gewissen. Der Maldix nun stürzte bei der wilden Hatz in die Tiefe, wo der Teufel sich vermutlich die Hände rieb, als er seiner angesichtig wurde.

Denn der Höllenfürst scheint zumindest zeitweise am Litermont zu residieren: Es gebe dort, wiederum der Sage nach, im Wald verborgen ein Teufelsloch, so eng und so tief wie ein Brunnenschacht, in das der Maldix sich zu seinen Lebzeiten hinabgelassen haben soll, da sich darin der Eingang zu einem unterirdischen Gang befunden habe, der ihm als Versteck diente. Auf dem Grund des tiefen Schachts könne man dem Teufel persönlich begegnen, so heißt es. Ja, dieser scheint tatsächlich im Litermont zu wohnen, wenn man den Sagen Glauben schenken darf.

Die Sache mit dem unterirdischen See glaubt man jedenfalls sofort, wenn man das Grundwasser im Kupferbergwerk gesehen hat: Es heißt, der gesamte Litermont sei in seinem Inneren von einem riesigen See ausgefüllt, von so ungeheuren Ausmaßen, dass seine Wasser, wenn sie denn eines Tages herausdrängten, die gesamte Umgebung überfluten würden. Ebendort befinde sich der Maldix, vom Höllenfürsten gebannt, der ihn und seine Schätze höchstpersönlich bewache und nur an den Karfreitagen herauslasse, woraufhin der Maldix dann erneut sein Unwesen am Litermont treibe, auf wilden Frühjahrsstürmen durch die Lüfte rasend, bis er um Mitternacht wieder in die Eingeweide des Litermonts zurückkehren müsse. Also: Planen Sie Ihre Wanderung dort besser nicht für einen Karfreitag!

Das Gipfelkreuz auf dem Sagenberg, das Margarete von Litermont gewidmet ist.

Sage oder nicht Sage – noch heute erinnert ein weithin sichtbares Objekt an den Maldix oder vielmehr dessen Mutter: das Gipfelkreuz auf der Spitze des Litermonts, das zu Ehren von Margarete von Litermont errichtet wurde und heute das Wahrzeichen der Gemeinde Nalbach ist, auf deren Territorium sich der Vulkankegel erhebt.

Es stellt indes nicht die einzige Sehenswürdigkeit auf der Bergkuppe dar. In Sichtweite davon befindet sich noch ein weiteres, in ganz anderer Hinsicht sehr interessantes Artefakt, ein besonderes technisches Denkmal:

Auf dem Litermont steht der Nachbau eines optischen Telegrafen, dessen Installation seinerzeit von Napoleon in Auftrag gegeben worden war und mit dessen Hilfe man viele hundert Kilometer weit kommunzieren konnte. Er gehörte zur optischen Telegrafenlinie Metz–Mainz, die ihrerseits eine Verlängerung der Strecke Paris–Metz darstellte. Damals war das alles französisches Territorium.

Ein spezielles Codeverfahren half, die Nachricht zu verschlüsseln. Der Verfasser und der Empfänger benötigten nur ein besonderes Startzeichen; die Optografen, die Bediener dieser großartigen Gerätschaften, übermittelten Byte für Byte, ohne zu ahnen, was sie da »funkten«. Das Verfahren war ausgeklügelt und mit einer Übertragungsrate von 0,5 Byte pro Minute recht schnell. Ein Buchstabe brauchte also im Jahr 1794 zwei Minuten, um fast 300 Kilometer zurückzulegen. Das System war robust und zuverlässig. Dummerweise wurde es durch den Franzosen Claude Chappe erst während der Französischen Revolution revolutioniert, kurz, bevor die frühesten elektrischen Telegrafen das Meldewesen ihrerseits revolutionierten. Ein gewisser Samuel Morse revolutionierte schließlich 1833 endgültig den Transport von Daten via Stromleitungen. Und so wurden die optischen Telegrafen obsolet.

Das Saarland hat jedoch nicht nur beeindruckende Berge zu bieten, sondern bekanntlich auch viele Hügel. Und einige davon erschaffen wir kurzerhand selbst:

Viel auf Halde

Der Bergbau hinterließ bekanntlich Abraum, also das Material, welches man aus den Stollen herauskratzte. Diesen türmte man auf sogenannte Schutthalden. Heute sind zahlreiche Naherholungsgebiete darauf und darum herum entstanden, so in Püttlingen und in Dudweiler. Die Aufstiege führen über die ehemaligen Pisten der gewaltigen Steinlaster. Man beginnt, diese Mondlandschaften zu begrünen, aber noch kann man an einigen Stellen eine leichte »Endzeitstimmung« erleben, so in Reden auf der »Alm«, nahe dem Prähistorium Gondwana und der Grubenanlage.

Nach unserer Berg- und Talfahrt durch die saarländische Hügellandschaft wenden wir uns nun dem Element Wasser zu. Natürliche Seen haben wir kaum, auch diese fabrizieren wir – das ist Ingenieurskunst der anderen Art. Wir können nicht nur Stollen in die Erde graben und Gipfel auftürmen, sondern auch Löcher baggern, Wasser hineinlaufen lassen und es sogar darin halten. Und dass diese künstlichen Seen ebenfalls durchaus ihren Reiz haben können, sei anhand der folgenden Beispiele demonstriert.

Der Bostalsee

Auf besagte Art und Weise entstand auch der rund 500 Meter lange Bostalsee. Anfang 1970 kam die Idee auf, einen Bach zu stauen und einen Naherholungspark einzurichten, eigentlich nur, um einen See zu haben. Gesagt, getan – schließlich haben wir Saarländer immer genug Zement hinter der Garage liegen. 1979 wurden die Spazier- und Wanderwege um den See herum eröffnet.

Auf der Surferbasis habe ich in den 1980er Jahren das Windsurfen gelernt. Meine erste Lektion verlief 4 Stunden im und eine halbe auf dem Wasser.

Außer schön auszusehen hat der gewaltige See auch noch eine andere Funktion: Er erzeugt Strom. Allerdings reicht dieser nur für die Beleuchtung der Wege aus. Der See enthält gute 8 Millionen Kubikmeter Wasser und misst an der tiefsten Stelle 18 Meter. Somit ist er der größte künstliche Freizeitsee in Südwestdeutschland.

Das Wellenbad, das es dort einmal gab, haben wir früher oft besucht – es ist nicht mehr. Inzwischen hat ein Indoor-Spielpark darin eine neue Heimat gefunden, was vor allem kleinere Kinder begeistern dürfte. Heute lädt das nigelnagelneue »Aqua mundo«, ein Spaßbad, zum Schwimmen und Planschen ein. Es gehört zum Center Park Bostalsee, der im Juli 2013 seine Pforten mit mächtig viel Tamtam öffnete. Und das sogar mit Recht. Fünfhundert Ferienhäuser befinden sich dort, aufgeteilt auf sechs Dörfer. Der gesamte Komplex ist mit seinen 130 Millionen Euro Baukosten eines der teuersten Tourismusprojekte, die jemals in unserer Gegend finanziert worden sind.

Der Bootsverleih am Bostalsee.

Trotz des Skandals darum, dass einige Subunternehmer rumänische Arbeiter wie Sklaven hielten, wurde dieses ein Erfolg und beschäftigt heute 300 Angestellte.

Doch damit sind die Attraktionen des Bostalsees noch nicht ausgeschöpft. An seinen Ufern verfügt er für Badefreude über zwei Freibäder mit Sandstrand und Liegewiesen und ist in der warmen Jahreszeit daher immer gut besucht. Auch Wassersport wird hier betrieben: Man kann Tret-, Ruder oder Elektroboot fahren, surfen oder segeln. Und natürlich wandern. Fast 6 Kilometer lang ist der Weg rund um das Gewässer. Der dort

Herbstromantik am Bostalsee.

angesiedelte Campingplatz wird gerne genutzt und im Sommer empfiehlt sich eine Reservierung.

Der Losheimer Stausee

Der Losheimer Stausee ist deutlich kleiner – er umfasst nur 1,5 Millionen Kubikmeter Wasser bei einer maximalen Tiefe von immerhin auch 14 Metern und wurde bereits 1974 aufgestaut. Allerdings erfüllt er dieselbe Funktion wie der Bostalsee: Er dient den Saarländern und ihren Gästen als Naherholungsgebiet.

330 Meter über dem Meer gelegen (für uns schon mitten im Mittelgebirge), bedeckt er etwa 31 Hektar und ist Teil des Naturparks Saar-Hunsrück. Auch hier gibt es wieder einen Rundwanderweg um den See (von 4,1 Kilometern Länge). Doch nicht nur diesen. Die Gemeinde Losheim verfügt über nicht weniger als elf Premiumwanderwege – darunter auch solche, die als schönste Wanderwege prämiert wurden, etwa der Felsenweg im Jahr 2005

Abendstimmung am Losheimer Stausee.

und der Schluchtenpfad 2006 – und damit über das dichteste Wegenetz der Wanderregionen Deutschlands. Auch ein Weg für Einsteiger ist dabei: die 6 Kilometer lange Garten-Wellness-Runde. Über die einzelnen Routen kann man sich im Informationszentrum am See informieren. Natürlich hat der Stausee auch ein Strandbad zu bieten und dient mehreren Tauchvereinen als Übungsgebiet. Wer allerdings Action in anderer Form bevorzugt, kommt hier ebenfalls auf seine Kosten. Über 100 Veranstaltungen, darunter Rock- und Pop-Konzerte sowie der traditionelle Hexentanz zum 1. April – ein Gothic Festival der besonderen Art –, locken immer wieder Tausende von Zuschauern an die Ufer des Losheimer Stausees. Zahlreiche Bistros und erstklassige Restaurants runden die Freizeiteinrichtung ab. Das Highlight ist aber eine Museumsbahn, seit 1982 vom Museums-Eisenbahn-Club Losheim in privater Regie betrieben. Auf 15 Kilometern dampfen alte Loks mit Passagieren durch die Landschaft. Achten Sie auf die Fahrpläne im Internet (siehe die Webadresse auf S. 259).

Die Nonnweiler Talsperre

Nördlich von Nonnweiler erstreckt sich eine Talsperre, die neben einem wunderschönen Spazierweg auch moderne Astronomie bietet. Ja, ganz recht! Wer die fast 12 Kilometer lange Wanderung nicht scheut, kann hier im Maßstab von 1:1 000 000 000 unser Planetensystem bewundern. Die Planeten selbst haben zum Glück einen anderen Maßstab, sonst wäre die Sonne nur eine Murmel und die Erde ein Staubkorn. Die Abstände zwischen ihnen entsprechen dagegen genau den astronomischen Maßeinheiten im Weltall; der Pluto ist 5,9 Kilometer von der Sonne entfernt und wäre wahrscheinlich ohne Lupe nicht zu erkennen. Wer dann doch nicht die gesamte Strecke laufen, aber auch nichts verpassen möchte, schielt beim Uranus über den See und entdeckt am gegenüberliegenden Ufer den Pluto, der hier entgegen der allgemeinen kosmologischen Sicht noch als Planet gilt. Der Uranus befindet sich auf saarländischem Gebiet, Neptun und Pluto dagegen bereits in Rheinland-Pfalz. Somit ist dieser See ein länderübergreifendes Gewässer. Der Startpunkt des Rundwegs ist auf dem Staudamm, gleich neben dem Café »An der Talsperre«, welches wiederum in der Straße »An der Talsperre« liegt. Das lässt keinen Zweifel daran aufkommen, wo man sich befindet.

Apropos Talsperre: Der See, auch Primstalsperre genannt, wurde aufgestaut, als man 1977 den Bau des 750 Megawatt Strom produzierenden Kohlekraftwerks Bexbach bei Neunkirchen beschloss. Unglaublich, das Kühlwasser dafür stammt tatsächlich auch von hier. Man nennt es Zuschusswasser. Immerhin ist der See gute 60 Kilometer vom Kraftwerk entfernt. Seit 1982 fängt die Talsperre im Winter das Schmelzwasser der Prims auf und regelt den Wasserhaushalt der Region. Sie wird rund um die Uhr überwacht.

Im eigenen Prospekt klingt es dann so: »Ein großzügig gestaltetes Wegenetz um die Talsperre ermöglicht eine ruhige Naherholung.« So kann man es auch sagen. Da das Wasser zur Trinkwasserversorgung verwendet wird, ist die Nutzung des Sees für Freizeitaktivitäten wie Schwimmen oder anderen Wassersport nämlich untersagt.

Weiher, Teiche und andere Kleingewässer

Die übrigen Seen sind kleiner, wie etwa der Burbacher Weiher in Saarbrücken. Dieser liegt im Nordosten der Stadt, man erreicht ihn am Ende der Weyherbachstraße. Man kann dort an den öffentlichen Grillplätzen und in einer großen Grillhütte, die man allerdings vorher reservieren sollte, gemütlich schwenken oder durch einen herrlichen Wald spazieren.

Auch der Ommersheimer Weiher ist ein Stausee, der seit 1971 den Gangelbrunnen aufstaut. Rund um den einen Hektar großen See sind Freizeiteinrichtungen entstanden. Die eingesetzten Fische und Wasservögel komplettieren das idyllische Bild.

Wir haben hier im Saarland noch einige Minigewässer zu bieten, an denen meist Kioske oder Cafés zur Rast einladen. Der Netzbachweiher zwischen Riegelsberg und Fischbach zum Beispiel wird an den Wochenenden von Wanderfreunden stark frequentiert. Gegenüber dem Parkplatz befindet sich u. a. einer der Aufstiege zur Lydiahalde, einer kollosalen Schuttraumhalde des ehemaligen Victoriaschachts. All diese kleinen Naherholungsgebiete werden an den Wochenenden oft besucht und meist als Ausgangspunkt für Wanderungen und Sonntagsspaziergänge genutzt.

Idyllisch:
der Ommersheimer Weiher.

Stattliche Städte

Die schönsten Orte im Saarland

Wer nun denkt, das Saarland habe nur Naturwunder zu bieten, liegt selbstredend falsch. Wir können auch kosmopolitisch. Oder sagen wir zumindest: »urban«. Doch sehen Sie selbst.

Saarbrücken, die echte Hauptstadt

Um die Landeshauptstadt kommt kaum jemand herum, und der Autor dieses Reisebuchs natürlich schon gar nicht.

Die exponierte Lage der Stadt direkt an der Saar hat nicht nur Vorteile. In der Vergangenheit war Saarbrücken oft das Opfer gewaltiger Hochwasser gewesen. Manchmal stand die Brühe bis zur Decke der Arkaden der Kaiserstraße, an manchen Markierungen der Pfeiler dort sieht man noch, wie hoch das Wasser einmal gestanden hat: 2 Meter hoch, vom Boden aus gemessen.

Kurzer Insiderwitz: linker Nebenfluss der Saar mit 13 Buchstaben? Na? Richtig: Stadtautobahn.

Um den Auto- und Lastwagenverkehr durch das Nadelöhr der Hauptstadt durchfließen zu lassen, begann man in den 1950er Jahren mit viel Aufwand mit dem Bau der Autobahn. Die letzte Brücke, die Ostspange, wurde vor wenigen Jahren fertig und hat den Verkehr deutlich entlastet. Saarbrücken hat etwas mehr als 180 000 Einwohner, aber tagsüber befinden sich über 300 000 Menschen in der City. Darum wurde die Schlossmauer kurzerhand ein paar Meter weiter an den Berg verlegt, die Gartenanlage verkleinert. Jetzt kann die Franz-Josef-Röder-Straße bequem als Dauerstauumleitung bei Saarhochwasser genutzt werden.

Wenn man zu Beginn einer Flut auf der alten Fußgängerbrücke steht, sieht man an den Mittellinien der Stadtautobahn, wie die Wassermassen steigen – grausig. Saarbrücken verwandelt sich bei Hochwasser nahezu in einen See.

Unmengen an Beton und nicht zuletzt die Autobahn selbst sorgten zur Zeit der Frühjahrsschmelze in den Vogesen für zahlreiche Überschwemmungen. Das gehört meiner Meinung nach zu einer Stadt am Fluss.

Saarbrückens barockes Schmuckkästchen: das Ensemble rund um die Ludwigskirche.

Wenn das Hochwasser zurückgeht, verkaufen die Händler mehr hochwassergeschädigte Ware als die Geschäftsräume je lagern könnten, das ist jedenfalls mein Eindruck. Wie sagen wir Saarländer? »Kein Schaden so groß, immer ein Vorteil dabei.« *Allez hopp.*

Doch auch bei normalem Wasserstand der Saar gilt: Saarbrücken hat sich enorm gewandelt. Da, wo früher die Schlote der Burbacher Hütte qualmten, steht nun ein Einkaufszentrum, anstelle der schmalen Autosträßchen, die um den St. Johanner Markt führten, schlängelt sich seit langem eine Fußgängerzone. Und durch die Einfallstraße windet sich eine Straßenbahn. Vieles wurde restauriert, erneuert und modernisiert – nicht immer zum Besten.

Aus dem alten Verwaltungsgebäude der Saarbergwerke wurde eine Einkaufsmeile, wie sie in nahezu jeder City zu finden ist. Die üblichen Ketten machen sich darin breit und lassen die ehemalige Einkaufspassage »Bahnhofsstraße« ausbluten.

Dennoch bin ich oft in dieser Passage – wie wir Saarländer einen solchen Konsumtempel gerne nennen – und bummele, kaufe edle Brände (sogenannten Schnaps bzw. wertvollen Grappa) oder moderne Elektronik, Schuhe oder Kleidung, Schreibwaren, Parfüm und natürlich Bücher. Das Parken empfiehlt sich allerdings eher im Parkhaus am Rathaus. Von dort aus ist man gleich mitten im Trubel, und es sind nur etwa hundert Meter zum Nauwieser Viertel mit seinen Szenekneipen und Bistros, fast allesamt im französischen Stil gehalten. Hier kann man bei Tag und bei Nacht wunderbar essen und plaudern. Praktisch jede Kneipe hat ihre Eigenart und man kann alle empfehlen. Samstagsabends bei schönem Wetter findet die Kneipenkultur im Freien statt, fast wie bei einer Weinmesse drängen sich die Leute traubenförmig um Fenster und Türen. Wer dann nicht ins Gespräch mit wildfremden Menschen kommt, dem ist nicht zu helfen.

Gegenüber liegt die »Garage«, eine Veranstaltungshalle, in der zahlreiche Konzerte stattfinden, und um die Ecke residiert das Theater im Viertel, in dem neben Schauspiel auch Lesungen stattfinden und in dem auch ich schon einmal vorlesen durfte. Der Fußgängerbereich beginnt am Ausgang des Parkhauses und unzählige Shops laden zum Bummeln ein.

Die Ära der großen all-inclusive-Kaufhäuser neigt sich scheinbar dem Ende zu, so finden diese Konsumtempel nur noch wenige

Kunden. Und all der vorgenannten Einheitsketten zum Trotz ist hier in Saarbrücken doch durchaus auch noch eine »individualistische« und interessantere Shoppingkultur spürbar: Spezialisierte kleine Boutiquen sehen nicht nur schicker aus, sie bedienen auch ein zwar schmales, aber dafür gut sortiertes und hochwertiges Sortiment. Die Gassen um den St. Johanner Markt sind jedenfalls eine Wucht. Der Weihnachtsmarkt gehört zum jährlichen Pflichtprogramm, komplett mit echt fliegendem Weihnachtsmann und seinem Christkind, eine saarländische Symbiose.

Rund um den Marktplatz findet man hervorragende Buchantiquariate, Buchhandlungen, Geschenkeshops und Cafés mit gutem Latte Macchiato.

Die Galerie am Markt ist mittlerweile zu einer Ausstellungsfläche für gegenstands- und inhaltslose Kunst mutiert. Aber es gibt ja genügend anderes zu bestaunen.

Daher hier nun mein persönlicher Vorschlag für einen Urban-Premiumwanderweg für Sie:

Startpunkt ist die Europagalerie am Eurobahnhof Saarbrücken. Nach einem leckeren Espresso in einem der zahllosen Bistros und Eiscafés wandern wir gemütlich durch die Bahnhofstraße Richtung Karstadt. Nicht ohne links einige Gässchen zu besichtigen und in Schleifen, mit neuen Eindrücken und womöglich prallen Einkaufstüten beladen, die man am besten im Wagen zwischenlagert, auf den Hauptwanderpfad zurückzukehren. Vorbei zieht es uns an Brunnen und allerlei Budenzauber, wir gelangen an der Willhelm-Heinrich-Brücke bis zur mächtigen Freitreppe, auf welche die Stadtoberen besonders stolz sind. Ich vermute, weil das Ding tatsächlich fertiggestellt werden konnte, was man während der Bauphase öfter anzweifeln durfte. Ich finde diese Stufen nicht wirklich gelungen und den abgebrochenen Wald davor auch nicht. Über Kunst lässt sich bekanntlich streiten, darum fange ich erst gar nicht an. Für Rollstuhlfahrer gibt es einen Fahrstuhl. Der einzige Zweck der Freitreppe ist vermutlich der, dass die Berliner Promenade dadurch mehr Besucherzustrom erlangen soll. Dummerweise führt die Treppe abwärts in die Keller und zu den Lagern der großen Geschäfte sowie an die Parkstraße für die Beschäftigten in den Büros und Läden der Bahnhofstraße …

Gehen wir also die denkwürdigen Stufen hinunter und in Richtung Staatstheater unter der Willhelm-Heinrich-Brücke hin-

In Saarbrücken treffen sich moderne Bauten, wie hier an der Berliner Promenade ...

durch, am Finanzamt vorbei und an der Fußgängerbrücke wieder nach oben. Sehr idyllisch und romantisch und gewiss von den Städteplanern so gewollt.

Oben angekommen überqueren wir die Straße und schlendern auf der anderen Seite des Theaters weiter. Wer hier genau hinsieht, entdeckt noch Reste der ehemaligen Stadtmauer, leidlich gepflegt und das nicht selten uneigennützig von den Anwohnern. In den winzigen Sträßchen verbergen sich neben einer waschechten Barockkirche – der päpstlichen Basilika St. Johann mit überraschendem Innenraum – erstaunliche Geschäftchen, die der geneigte Gast gerne für sich entdecken darf. Am St. Johanner Markt ist erneut Zeit für ein Kaltgetränk, einen erstklassigen Wein oder einen Cappuccino, je nach Wetter im Freien oder in einem der gemütlichen Cafés. Wie ein Labyrinth locken verwinkelte Gassen die Besucher an und magisch zieht es jeden hinein.

Über die Fußgängerbrücke, die sich seit undenklichen Zeiten über den Fluss spannt, gelangt man dann in den echten alten Teil der Stadt. Hier geht es steil nach oben zum Schloss, das wir ja schon näher betrachtet haben (siehe Seite 67 ff.) und zu dem darin untergebrachten Historischen Museum. Dieses illustriert anhand von Exponaten und Infotafeln die Saargeschichte ab 1870 und enthält, als besonderes Highlight, die unterirdischen Burg-

anlagen aus Mittelalter und Renaissance, die unter dem Schlossplatz als multimedialer Erlebnisraum angelegt sind. Dort finden sich neben Kasematten u. a. auch eine Schießkammer, ein Verlies und ein im Burggraben errichtetes Ballhaus. Doch auch die unrühmlichste Epoche der saarländischen Geschichte, die Zeit des Nationalsozialismus, erhält hier einen traurigen Protagonismus. Als Sitz der Gestapo war das Saarbrücker Schloss Schauplatz so mancher Greuel – das Kernstück der Ausstellung ist denn auch eine originale Arrestzelle mit in die Wände geritzen Inschriften der dort inhaftierten Opfer. Wider das Vergessen – dies ist heute hier der Tenor.

... mit historischen Gebäuden, charmanten Sträßchen und Plätzen, so am St. Johanner Markt.

Und das auch draußen auf dem Schlossplatz, dem nun unser besonderes Augenmerk gilt, denn er birgt ein Geheimnis: das Unsichtbare Mahnmal. Seit 1993 geht hier eine gespenstische Idee um. Sie stammt von dem Kunstprofessor Jochen Gerz. Klammheimlich meißelte er mit seinen Studenten in die Pflastersteine auf dem Schlosshof die Namen jüdischer Friedhöfe. Die jungen Leute fügten die Steine dann wieder ein, jedoch mit der Schrift nach unten. Was anfangs als eine Art klandestines Happening begann, zog schließlich doch die Aufmerksamkeit der Öffentlichkeit auf sich. Der Stadtverbandstag Saarbrücken nahm die Idee auf und ließ die Namen weiterer jüdischer Friedhöfe in die Pflastersteine des

Schlossplatzes eingravieren – heute sind es 2 146 an der Zahl. Unsichtbar für den Betrachter. Nur die Beschilderung zeugt davon. Ich bin mit Verlaub nicht immer ein Freund von moderner Kunst, aber das hier ist wirklich einsame Spitze. Manchmal denke ich, wenn ich über den Platz gehe, dass die Luft vibriert.

Hinter dem Schlosscafé wiederum kann man sonntagsmorgens eine musikalische Matinée erleben, nebst einer wunderbaren Tasse Kaffee oder einem Frühschoppen, versteht sich, organisiert von der Stadt und der Schlossverwaltung. Von hier aus führt der Weg hinab durch den mittlerweile kleinen, terrassenförmig angelegten Barockschlossgarten, entlang der ältesten in Saarbrücken stehenden Häuser, was man diesen auch lange Zeit angesehen hat. Inzwischen ist vieles renoviert und wirkt nicht mehr so original. Das gesamte Ensemble – ein komplettes Stadtviertel – ist seinerzeit von dem Architekten Friedrich Joachim Stengel planmäßig angelegt worden, wie wir ja bereits gesehen haben (siehe Seite 58). Das Schloss, die Ludwigskirche und die umliegenden Gebäude, alles ist in einer Achse ausgerichtet, was heutzutage leider nicht mehr so ganz zu erkennen ist. 1748 war das Gesamtkunstwerk vollendet.

Wir passieren nun das alte Rathaus und marschieren schnurstracks zu ebenjener »schönsten Barockkirche« in Südwestdeutschland, der evangelischen Ludwigskirche (siehe Seite 58). Sie ist auch ein besonderer Ort für Konzerte. Die Akustik ist phänomenal. Oben, im Gewölbe über der Vierung, wacht im goldenen Strahlenkranz ein Dreieck mit dem Auge Gottes bzw. der Vorsehung, das es auch bis auf den Dollarschein in den USA gebracht hat. Rund um das Bauwerk ist vieles im Zweiten Weltkrieg zerstört und mühsam wieder aufgebaut worden.

Heute quirlt auf dem Platz vor den Pforten ein lebendiger Wochenmarkt mit allem, was man zum guten Essen braucht.

Die Friedenskirche gleich gegenüber ist altkatholisch, ein Zweig, der einiges mit dem Katholizismus gemeinsam hat. Auf die Unterschiede möchte ich hier allerdings nicht eingehen.

An dem weißen Kirchbau vorbei geht es hinunter zum Neumarkt und über die Willhelm-Heinrich-Brücke, benannt nach dem fürstlichen Auftraggeber des Barockensembles, zu den Einkaufsstraßen und über die Berliner Promenade mit ihren zahlreichen Eiscafés schließlich zurück zum Bahnhof.

Das Saarbrücker Schloss zur blauen Stunde.

Dieser Rundgang dauert in etwa drei Stunden, wenn man nicht shoppen will, und kostet dann ca. 11 Euro (für diverse Kaffeespezialitäten und vielleicht ein kleines Eis). Kinder werden ihn lieben, denn zahlreiche Boutiquen mit allerlei Krimskrams und wunderbare Buchhandlungen mit ausgezeichneten Kinderbüchern liegen auf dem Weg. Zum Leidwesen von uns Eltern akzeptiert man fast überall Kreditkarten.

Wer mehr Zeit hat, darf sich in der Talstraße, welche rechts vom ehemaligen Barockschloss nach unten führt, auf etwas ganz Besonderes freuen: die Himmelsleiter. Nach ca. 300 Metern geht eine steile Treppe hinauf über die Felsen. Die 176 Tritte ohne Absatz sind eine Herausforderung. Doch damit nicht genug, wer höher hinauf möchte, nutzt oben links nach ca. 250 Metern die Stiege hoch zum Nußberg. Dafür muss man allerdings weiterklettern: Es erwarten einen noch etwa 140 zusätzliche Treppenstufen – wenn man außer Puste ist, hat man Wichtigeres zu tun, als Stufen zu zählen.

Diese Seite der Stadt ist von Aufstiegen nur so durchzogen, was eine Folge der Bebauung um die Jahrtausendwende ist. Die Treppen verbinden die unteren Stadtteile mit dem oben gelegenen Alt-Saarbrücken. Für die Anwohner stellen sie oft willkommene Abkürzungen dar und ganz nebenbei eine Art Trimmpfad. Sie bieten aber auch besonders schöne Ausblicke auf die Stadt.

Einige Treppenwege tragen offizielle Namen, wie »Lerchessteig« oder «Am Jakobsgärtchen«, die meisten sind jedoch namenlos.

Südlicher Richtung wartet ein außergewöhnliches Highlight: die Felsenwege. Hinter diesem Namen verbirgt sich ein wirklich toller Wanderweg, für den man ca. 1 bis 2 Stunden und festes Schuhwerk benötigt. Leider ereignete sich im Frühjahr 2015 ein Unfall und daher sind die Wege derzeit gesperrt. Ich hoffe sehr, dass sie in absehbarer Zeit wieder freigegeben werden, darüber informiert dann die im Anhang genannte Website. Es lohnt sich, dort immer wieder einmal nachzuschauen – die Felsenwege sind ein Ausflugsziel, dem ich drei von drei Sternen geben würde und das die Anreise absolut wert ist.

Damit ist mein Rundgang durch Saarbrücken fast beendet. So vieles wäre noch erwähnenswert, aber einmal muss Schluss sein. Und so weise ich nur noch schnell auf den malerischen Stadtteil St. Arnual mit der gleichnamigen Stiftskirche hin, die ja schon besprochen wurde (siehe Seite 56 ff.). Seit 1575 ist die Kirche protestantisch. Sie ist ein einmaliges Zeitzeugnis der Jahrhunderte und man darf den Bau gerne ganz genau in Augenschein nehmen. Jedes Detail erzählt seine Geschichte. Um ihn herum sieht es noch altertümlich aus, im Grunde erwartet man, jederzeit einen Ritter auf einem Pferd vorbeireiten zu sehen. St. Arnual ist ein Dorf in der Stadt, gemütlich, mit zahllosen alten Gebäuden, erfrischenden Märkten und feiner Architektur. Hier könnte man sich einen ganzen Tag lang aufhalten und würde dennoch jede Menge Neues aufstöbern, vor allem Restaurants und Kneipen sowie die Kleinkunstbühne »Blauer Hirsch«.

Und so wie diese gibt es noch viele tolle Ecken und Winkel in der Stadt zu entdecken. Doch das sei nun Ihnen selbst überlassen.

In St. Arnual gibt es noch alte Prachtvillen zu bestaunen, so wie hier in der Koßmannstraße.

Saarlouis, die geheime Hauptstadt

Die geplante Cité, auf dem Reißbrett entstanden und 1680 als Sarre-Louis unter Ludwig XIV. gebaut, sollte als Festungsstadt den Osten der Grande Nation schützen. Nun, das gelang nicht so wirklich, denn sie hielt nicht lange stand. Im Jahr 1683 erhielt sie bei einem Besuch des Königs von diesem höchstpersönlich das Stadtwappen mit der aufgehenden Sonne und den obligatorischen drei Lilien. Die von dem Architekten Sébastien Le Prestre, Seigneur de Vauban, eigentlich sogar Marquis de Vauban (1633–1707), sternförmig konzipierte Anlage ist, ehrlich gesagt, kaum noch als solche zu erkennen. Die Gemeinde Neuf-Brisach im nahen Elsass, ebenfalls von Vauban entworfen, sieht allerdings heute noch so aus, wie Saarlouis einst angelegt war, sternförmig eben, allerdings achteckig im Gegensatz zur als Sechseck geplanten Cité an der Saar.

Ursprünglich nur links der Saar gelegen, hat die Kreisstadt im Laufe des 20. Jahrhunderts so ziemlich alle umliegenden Ort eingemeindet.

Die Festungsanlage an sich sollte als Überschwemmungsbollwerk dienen. Mittels Schleusen konnte man das Umland rasch unter Wasser setzen und es den Feinden so erschweren, Kanonen nahe genug heranzuschaffen, um die Stadt zu beschießen. Das mit den Feldgeschützen klappte nicht so ganz und die Saar überschwemmte meist ganz von allein. Auch als Lothringen seine Selbstständigkeit 1697 zurückerhielt, blieb Saarlouis französische Exklave.

Den nach der Revolution kurz angenommenen Namen Sarre-Libre legte man rasch wieder ab, ebenso wie den, den die Nationalsozialisten der Stadt später gaben: Saarlautern. 1815 trat Frankreich das Gebiet an Preußen ab.

> *Als nach dem Pariser Frieden am 1. Dezember 1815 die Stadt an die Preußen zu übergeben war, feierte einer etwas zu viel: der tapfere französische Soldat Lacroix. Am Vorabend des Truppenabzugs becherte er ausgiebig mit seinen Freunden und verschlief den Abmarsch. Als die Nacht hereinbrach und die Preußen endlich kamen, staunten sie nicht schlecht, dass noch einer der Franzosen anwesend war; er soll sie sogar mit dem Gewehr bedroht haben. Man*

Saarlouis, katholische Kirche St. Ludwig am Großen Markt.

verhaftete und befragte ihn. Offenbar noch halb im Delirium, meinte Lacroix, er wisse nichts von einem Abzug und werde die Stellung halten, bis andere Order käme. Notfalls würde er allein gegen den Feind in den Krieg ziehen.

Die Preußen zeigten sich beeindruckt von dem Mut, der Standhaftigkeit und der Disziplin des Franzosen, die ganz im Sinne der preußischen Tradition waren und, wie man hörte, einen Nerv in der Heeresleitung trafen. Man ließ den tapferen

> Soldaten seinen Rausch ausschlafen und schickte ihn dann zu seiner Armee, mit Proviant und Tabak sowie einem Pfeifchen versehen. Was anschließend aus ihm geworden ist, bleibt im Verborgenen.

1887 begann man, die Festung zu schleifen, sodass kaum noch etwas davon vorhanden ist. Die noch übriggebliebenen Kasematten dienen nicht mehr primär der Verteidigung. Sie bieten nun Speisegaststätten Unterschlupf.

Und auch auf der Vauban-Insel, einem Teil der Stadtparkanlagen, kann man noch einige Überreste der alten Festungsstadt besichtigen. Sie geben einen Eindruck davon, wie gewaltig und massiv hier vormals gebaut worden war. Die Kreisstadt hat einen weiteren Abschnitt der Festung renoviert und wird daraus einen Freizeitpark im Grünen machen, der direkt an den zahlreichen verschlungenen Seitenarmen der Saar gelegen ist.

Die Vauban-Insel ist zudem häufig Schauplatz kultureller Ereignisse, so richtet die Stadtbibliothek den Sommer über dort eine Außenstelle ein. Wie sagte ich doch bereits: Was gibt es Gemütlicheres, als unter schattigen Bäumen in saftigem Gras zu liegen und ein gutes Buch zu lesen!

Der sogenannte Kleine Markt beherbergt ein schon früh gebautes – Anfang der 1980er Jahre – glasüberdachtes Einkaufszentrum, daneben unzählige Geschäftchen und Bistros, Restaurants, Cafés und Eisdielen. Im Sommer ist es schwierig, ein sonniges Plätzchen in einem der vielen Terrassenlokale zu ergattern. Die Atmosphäre zieht Kunden in Heerscharen an. Auch uns hat es regelmäßig hierher verschlagen. Als ich diesen Ort zwecks Fotografierens und Recherche wiederbesucht habe, stellte ich fest, dass sich seit den 1990er Jahren kaum etwas verändert hat, ein bisschen neuzeitlicher wirkt das Ambiente jetzt vielleicht, aber immer noch stimmungsvoll; und sauber, wie überhaupt alle Plätze saarländischer Metropolen blitzblank sind.

Da die Kreisstadt andauernd zerstört und wiederaufgebaut wurde, sind nur noch wenige historische Gebäude hier erhalten. Die Kirche St. Ludwig am Großen Markt wurde zuletzt 1970 grundsaniert. Der ehemalige Exerzierplatz sieht auch moderner aus, aber was soll's? Ich finde, Orte wachsen und verändern sich. Saarlouis ist für mich das Beispiel par excellence, dass eine Stadt auch attraktiv sein kann, ohne dass Bauwerke aus dem 14. oder 15. Jahrhundert ihren Kern zieren.

Kein Wunder, dass die Krimiautorin Angelika Lauriel hier ihren Kommissar Kraus auf Mörderjagd schickt.

St. Wendel, die »Heilige Stadt«

Schon von Weitem ist sie sichtbar und kündet von dem Städtchen: die spätgotische Wendelinusbasilika aus dem 14. Jahrhundert. 1360 hat man die Gebeine des hl. Wendelinus (auch Wendalinus) dorthin überführt. Er soll der Bruder der ebenso heiligen Oranna gewesen sein, die wie er gegen 650 im Saar-Mosel-Raum das Christentum unter das Volk brachte. Angeblich war sie taub (daher vielleicht der Name Oranna, abgeleitet von »Ohr-Anna«?), deshalb gilt sie heutzutage noch als Schutzheilige bei Ohrenleiden – und wem jemals die Gehörgänge vor Schmerzen sausten, weiß, dass sie keinen leichten Job hat.

Es ist erstaunlich, aber es gibt wohl nur wenige Steinkanzeln in Deutschland, eine davon steht hier. Sie wurde im Jahr 1462 vermutlich von Nikolaus von Kues gestiftet. Wendelinus liegt in einem Hochgrab im Altarbereich, hinter der Retabel, sodass man darunter hindurchschreiten kann. Ganz offensichtlich war er ein Naturfreund, denn die Wände sind mit Malereien von Tieren und Pflanzen übersät, wenn man mir dieses Wortspiel gestattet. Er ist ja auch der Schutzheilige der Umwelt. Das dürfte auch ihn zu einem vielbeschäftigten Heiligen der Neuzeit machen.

Um ihn dabei zu unterstützen, gibt es jährlich Pilgerwanderungen auf dem »Jakobsweg light« zwischen St. Wendel und Tholey, einem 15 Kilometer langen Pfad, der durch herrliche Landschaften führt.

Im Jahr 634 erreichten Mönche den Schaumberg und fühlten sich an diesem Fleckchen Erde gleich so wohl, dass sie dort ein Kloster gründeten, das heute noch existiert und das älteste auf deutschem Boden darstellt. Rund ein Dutzend Benediktinermönche halten die Abtei lebendig, zu den Gebetszeiten versammeln sie sich der Tradition gemäß zu Messen, die auch Besuchern offen stehen. Und schon wieder treffen wir auf Wendelinus, der als Abt dieses Kloster gegründet haben soll.

Innenraum der gotischen Wendelinusbasilika in St. Wendel.

Der angrenzende Klostergarten ist nicht ganz so alt, er stammt aus der Barockzeit und ist für jedermann tagsüber zugänglich. Man kann dort auch Tee trinken und Klosterhonig erwerben. Zu dem Gebäudekomplex gehört außerdem ein Pilgerhaus, das für Tagungen und Ähnliches genutzt wird.

Doch St. Wendel wird nicht nur von Sakralem bestimmt. Es ist auch ein hypermodernes Kreisstädtchen mit Gewerbe und Industrie. Und dann gibt es da natürlich noch den antiken Stadtkern mit zahlreichen Boutiquen und tollen Cafés. Bei sonnigem Wetter kann man hier trefflich bummeln. Schlendern wir doch ein bisschen umher. In der Balduinstraße, die auch die Wendelinusbasilika beherbergt, findet sich zudem das, was der Architekturkenner als ein »Ensemble« bezeichnet. Hier steht praktisch die gesamte Straße unter Denkmalschutz – die Bauten stammen aus dem 18. Jahrhundert.

Auch am Schlossplatz gruppieren sich um das alte Rathaus herum einige Barockhäuser aus der Zeit ab 1787. Hier sind sie teilweise saniert und modernisiert worden, manche erkennt man daher gar nicht mehr als solche. In der Bahnhofstraße finden sich nahe am Großen Markt ebenfalls wenige ältere Gebäude aus dem 18. Jahrhundert. Die Atmosphäre rund um den Fruchtmarkt ist einfach urig.

Weiter westlich liegt der Große Markt mit dem Stadtmuseum St. Wendel. Dieses bietet einen Überblick über die Stadtgeschichte sowie wechselnde Veranstaltungen. In der historischen Abteilung geht es vor allem um das 18. und 19. Jahrhundert, als St. Wendel zum »Fürstenthum Lichtenberg« und damit zum Herzogtum Sachsen-Coburg und Gotha zählte:

Ein berühmter Stiefsohn der Stadt, Prinz Albert, heiratete die englische Königin Victoria, die bis zum Herbst 2015 als die Regentin mit der längsten Amtszeit galt.

> *Geschichtskundige wissen, dass durch Victorias Thronbesteigung die Hannoveraner die Herrschaft auf dem britischen Thron verloren, mit Victorias Sohn Edward VII. ging diese auf das Haus Sachsen-Coburg und Gotha über. Inzwischen hat Queen Elisabeth II. ihrer Ururgroßmutter in puncto Regierungszeit den Rang abgelaufen. Auch ihr steht ein deutscher Gatte zur Seite – also wenn das kein Zufall ist. Eigentlich heißt die englische Königin ja Elisabeth Alexandra Mary von Coburg und Gotha. Aber so kurz nach dem Zweiten Weltkrieg änderte man das lieber in Windsor ab.*

Herzogin Luise, die Mutter von Prinz Albert, residierte hier in St. Wendel zwischen 1824 und 1831 im alten Amtshaus. Man hat eines ihrer Zimmer im Stadtmuseum detailgetreu nachgebaut.

In Wahrheit musste die arme Frau Coburg verlassen, sie wurde von ihrem Gatten Ernst I. von Sachsen-Coburg-Saalfeld sozusagen verbannt und gezwungen, ohne ihre Kinder nach St. Wendel zu ziehen. Sie lebte nur kurz hier, war dennoch beliebt und wurde eine richtige Landesmutter. Doch dann erkrankte sie schwer und hoffte vergebens, in Paris geheilt zu werden. Wenige Monate später, im August 1831, starb Luise dort.

Etwas abgeschieden in einem Nebenraum des Stadtmuseums befinden sich Dokumente über den Stadtpatron Wendelinus sowie ein barocker Gemäldezyklus zur Legende um den Heiligen. Da die Gemälde aber sehr viel später als zu dessen Lebzeiten entstanden sind, sollte man sie hinsichtlich der Echtheit der Darstellung mit Vorsicht genießen und als das betrachten, was sie sind: eine Art Bilderbuch für Erwachsene.

Doch nicht nur Historie und Kultur werden in St. Wendel großgeschrieben, die Gastronomie hat ebenfalls einiges zu bieten, so etwa eine Unzahl an netten Cafés.

Sehr sehenswert ist aber auch das Umland des Städtchens. Hier finden wir beispielsweise einen bedeutenden Teil der »Straße der Skulpturen«, die von St. Wendel bis zum Bostalsee führt und die uralte keltische Tradition fortsetzt, Steindenkmäler an den Wegen zu installieren, damit man sich daran erfreuen kann (in 5 000 Jahren werden die Archäologen der Zukunft darin vermutlich die Relikte eines geheimen Ahnenkults vermuten). Diese modernen Menhire hier, 57 an der Zahl, stammen von 51 Künstlern aus 12 Nationen. Ihre Skulpturen säumen einen Teil des Saarland-Rundwanderwegs – ein Projekt, das von dem St. Wendeler Bildhauer Leo Kornbrust ins Leben gerufen und zu Ehren des von den Nazis ermordeten deutsch-jüdischen Künstlers Otto Freundlich realisiert wurde. Freundlich hatte in den 1930er Jahren die Idee zu einer völkereinenden Straße gehabt – einem Symbol der Brüderlichkeit –, die Paris mit Moskau verbinden sollte. Ganz so lang ist die Straße der Skulpturen nun doch nicht geworden, aber in jedem Fall einen Besuch wert.

Neunkirchen, die Eisenstadt

Nein, der Name kommt nicht von den zufällig tatsächlich neun Kirchen der Stadt, sondern spielt nur auf eine einzige an, eine »neue Kirche«: »Zur neuen Kirche«, dies ist demnach die eigentliche Bedeutung. Neunkirchen (Saar), die zweitgrößte Stadt des Saarlands, liegt nicht einmal an der Saar (sondern an der Blies).

Schon um 700 v. Chr. baute man hier Kohle ab, genauer Faulschlammkohle, sogenannte Kännelkohle. Die Kelten wussten, dass dieses Material leicht entzündlich war und wacker brannte. Die Römer übernahmen 1 000 Jahre später den Ort, aber er verschwand wieder von den nicht vorhandenen Landkarten. Aktenkundig wurde er erst im Jahr 1281. Später ließen die Fürsten von Nassau-Saarbrücken in Neunkirchen zwei Schlösser bauen, die ebenfalls untergingen, die Französische Revolution (1789–1799) hinterließ auch hier ihre Spuren der Verwüstung.

Und 1593 gab es in Neunkirchen das erste Eisenwerk, doch darüber habe ich schon berichtet (siehe Seite 94 ff.)

Die römisch-katholische Stadtpfarrkirche St. Marien ist ein markantes Beispiel für die saarländische Architektur: «Anbauen, was immer geht« lautete anscheinend die Devise – rund, eckig, groß, klein, wie auch immer, Hauptsache, es passt irgendwie aufeinander. Aber der Bau ist in der Tat vollständig so durchgeplant und Mitte des 19. Jahrhunderts errichtet worden. Neoromanik nennt sich der Stil. 1970 wurde das Mittelschiff restauriert.

Neunkirchen hat keinen so ausgeprägten Stadtkern wie seine Nachbarorte. Warum auch? Man trifft sich um die Stummstraße herum, am Eingang zum Saarpark Center. Gleich gegenüber befindet sich das schon thematisierte AHA mit seinen imposanten Hochöfen (siehe Seite 95 ff.): ein Kino, Brasserien, Restaurants, Läden, Shops, Cafés – hier findet man alles an einem Ort. Und die Parkplätze sind bezahlbar. Was will man mehr? Ein Rundgang durch diese Vergnügungsmeile vor der Kulisse eines nicht nur bei Nacht fantasmagorischen Industrieparks ist daher nicht weniger spektakulär als das Flanieren zwischen uralten Gemäuern. Das Gesicht Neunkirchens wurde nun einmal durch die Metallindustrie geprägt.

An der Bürgermeister-Ludwig-Straße findet allerdings jeden Mittwoch und Samstag ein traditioneller Wochenmarkt am Oberen Markt statt. Hier ist noch etwas vom Flair des alten Neunkir-

Das AHA in Neunkirchen.

chens zu spüren, das Neue hat aber auch dort Einzug gehalten.

Eine kleine Schlacht kam ab etwa 1980 auf, als die Stadt Kirkel ihre Stadtteile Bayrisch Kohlhof (ja, richtig: Bayrisch!) und Eschweiler Hof an Neunkirchen abtreten musste. Nach erstaunlich kurzem juristischem Gezanke von nur zehn Jahren kam zumindest Bayrisch Kohlhof wieder heim nach Kirkel.

Eigentlich möchte ich gar nicht erwähnen, dass im Neunkircher Stadtteil Wiebelskirchen Erich Honecker geboren wurde. Einst wurde er als großer Sohn der Stadt mit viel Tamtam geehrt, was man nach dem Mauerfall am liebsten verdrängen würde. Aber das geht ja nun nicht mehr.

Den Neunkircher Zoo habe ich bereits wärmstens empfohlen. Bleibt nur noch darauf hinzuweisen – für den Fall, dass Sie meine Vorliebe für den italienischen Klassiker teilen –, dass der Cappuccino selbstredend auch in den Neunkircher Cafés exzellent ist.

Ottweiler, die mittelalterliche Stadt

Der Ottweiler Rathausplatz mit seinen Fachwerkhäusern.

Dieser Ort ist eine ganz besondere Perle, eine Wohltat für stressgeplagte Städter. Kaum zu glauben, aber man taucht in Ottweiler in eine wunderbare Welt der uralten Häuser ein, liebevoll restauriert oder herzlich vergammelt, dort ist alles zu finden.

Der Rathausplatz bietet eine wundervolle Kulisse für Märkte, vor allem durch den markanten Turm aus dem Jahr 1410, der mittlerweile zur evangelischen Kirche gehört. Die Ursprünge des Städtchens gehen auf ein Kloster zurück, das um 871 hier gegründet wurde. Ab dem 13. Jahrhundert wuchs der daraus entstandene Ort stetig. Im Jahr 1550 erhielt Ottweiler die Stadtrechte.

Im Rahmen der Gebietsreform von 1974 übernahm Ottweiler zwar umliegende Gemeinden, verlor allerdings sein Kfz-Kürzel OTW – dieses musste dem Neunkircher NK weichen.

Ein Schmuckstück Ottweilers: der Stengel-Pavillon inmitten des barocken Rosengartens.

Nicht verloren hat Ottweiler hingegen seinen Charme und die Kunst, auf so engem Raum das Mittelalter weiterleben zu lassen.

Auf einer Insel im barocken Rosengarten steht noch der ebenfalls barocke Pavillon, genauer ein Palais, das von Joachim Stengel im Auftrag des Fürsten Wilhelm-Heinrich von Nassau-Saarbrücken anstelle eines inzwischen verfallenen Schlösschens errichtet wurde.

Wer auf dem historischen Marktplatz seinen Kaffee genießt, bleibt am liebsten längere Zeit sitzen und lässt die Umgebung auf sich wirken.

Homburg, die Höhlenstadt

Auch wenn es immer wieder Homburg/Saar heißt, diese Stadt liegt ebenfalls nicht an der Saar! Da es einige Homburgs in Deutschland gibt, kennzeichnet der Zusatz lediglich die Zugehörigkeit der Stadt zum Saarland, was sehr wichtig ist, wenn man z. B. Bahnfahrkarten dorthin kaufen möchte.

Homburg ist die Stadt der Medizin schlechthin, genauer: des Universitätsklinikums. Kaum ein Saarländer, der nicht mindestens einmal hier gewesen ist. Insbesondere die Kinderklinik Kohlhof mit ihrer Notfallambulanz dürften der eine oder andere Papa und die dazugehörige Mama aufgesucht haben, mit Sprössling, versteht sich. Hier versorgte man so manche Wunde meiner Nachkommen mit Pflastern und Bandagen.

Der Graf von Homburg hatte seinen Sitz auf der Hohenburg, die nach dem Tod seines letzten Sohnes an den Grafen von Nassau-Saarbrücken fiel, der um 1580 hier ein Renaissanceschloss bauen ließ.

Wieder einmal war es der französische Festungsbauer und Burgenbaumeister Sébastien Le Prestre de Vauban, der hier, nach Saarlouis, auf Geheiß seines Königs Ludwig XIV. eine Festung errichten ließ. Und auch diese Anlage wurde 1705 oder 1714 endgültig geschleift. Das besorgte man so gründlich, dass man erst 1981 einige wenige Überreste des Bauwerks entdeckte, die allerdings noch ein Bild von dessen einstiger herrschaftlicher Pracht vermitteln.

Zehn Jahre brauchte man – von 1778 bis 1788 –, um auf dem Buchenberg ein Schloss zu bauen – Schloss Karlsberg –, in das Herzog Karl II. August von Pfalz-Zweibrücken einzog. Doch nur fünf Jahre danach wurde auch dieses Bauwerk zerstört. Aber das ist ja nichts Neues in der Geschichte unseres Ländchens. Dieses Mal zeichneten die französischen Revolutionstruppen dafür verantwortlich.

Das weltberühmte Hambacher Fest, bei dem die Demokratie über Deutschland ausgerufen wurde, hat hier in Homburg seine Wurzeln. Es fand vom 27. Mai bis 1. Juni 1832 auf dem Hambacher Schloss statt. Ersonnen und organisiert wurde das denkwürdige Event aber in Homburg: Einer der Hauptinitiatoren, Philipp Jakob Siebenpfeiffer, war hier als Landcommissär tätig gewesen, bis er aufgrund seiner liberalen Gesinnung in Ungnade gefallen war, und hatte seinen Mitstreiter Johann Georg August Wirth eingeladen, nach Homburg zu kommen, wo sich ein Zentrum demokratischer Strömungen herausbildete – eine Entwicklung, die letztlich nach dem Hambacher Fest in die bürgerliche Revolution münden sollte.

Der Zweite Weltkrieg verursachte enorme Schäden in Homburg und die Bewohner flüchteten sich in die Schlossberghöhlen, die schon zu napoleonischer Zeit Zuflucht geboten hatten.

Nach dem Krieg war auch Homburg Teil der französischen Besatzungszone, danach, bis 1956, des Saarprotektorats.

Doch trotz Zerstörung und Wiederaufbau besitzt Homburg heute noch eine tolle Altstadt, die es sich durchaus zu erkunden lohnt. Lassen Sie mich Ihnen meine Lieblingsroute durch die Stadt zeigen.

Wir beginnen unseren Rundgang am Marktplatz. Dort befindet sich das historische Rathaus und in dessen Erdgeschoss das Stadtcafé. Darüber in der ersten Etage ist die Stadtbibliothek untergebracht und auf dem Platz selbst wird jedes Jahr ein wirklich sehenswerter Weihnachtsmarkt aufgebaut. Durch einige Gässchen mit Kopfsteinpflaster wandern wir die Untergasse entlang über die St. Michaelstraße zur Pfarrgasse mit der Kirche St. Michael. Bereits 1235 stand hier eine Kapelle, der imposante neoromanische Bau, der inzwischen ein Wahrzeichen der Stadt geworden ist, wurde um 1841 errichtet. Mir gefällt insbesondere der Altar mit seinem beeindruckenden Baldachin, der um die Wende zum 20. Jahrhundert entworfen und gebaut wurde.

Etwas weiter in der Kirchenstraße steht das protestantische Pendant zu St. Michael, ebenfalls um 1870 erbaut, allerdings im neugotischen Stil, dann ausgebombt, mehrere Jahre lang restauriert und 1949 wieder eingeweiht: die Protestantische Stadtkirche.

Auf dem Schlossberg gelangen wir zu dem, was in meinen Augen Homburgs Hauptattraktion darstellt: die Schlossberghöhlen, Europas größte Buntsandsteinhöhlen (in der Stadt über eine Treppe zu erreichen). Sie sind kein Naturwunder, sondern von Menschenhand geschaffen worden, und Teile davon gehörten einst zur Hohenburg. Die Höhlen wurden zunächst als unterirdische Fluchtwege und Magazin für die Festung angelegt, der Abbau des Buntsandsteins tat dann ein Übriges. So entstand schließlich ein einzigartiges Höhlenlabyrinth mit enormen Kuppelhallen und kilometerlangen Gängen.

Beeindruckendes Farbenspiel: die Schlossberghöhlen.

Die Bewohner der alten Hohenburg nutzten die Gänge auch als Keller. Als die napoleonische Armee hier ihren Proviant deponierte, der schließlich verdarb, schüttete man die Höhlen zu, so dachte man jedenfalls. Sie galten lange als verschüttet und wurden erst 1932 wiederentdeckt, gerade noch rechtzeitig vor den Fliegerangriffen der Alliierten, sie waren weitaus größer als angenommen.

Nun fragt man sich doch, weshalb hier so tief und unter Gefahr nach Sand gegraben wurde, wenn er doch etwas weiter oben offen zutage liegt. Nun, dieser Buntsandstein hier hat aber eine Besonderheit, nämlich einen hohen Quarzanteil. Daher eignet er sich bestens für die Glasproduktion, aber auch als Scheuersand zum Putzen und als sogenannter Formsand für die Eisenindustrie.

Da ich Verschwörungstheorien so mag, wie der geneigte Leser/ die geneigte Leserin inzwischen bemerkt haben dürfte, muss ich die folgende Episode unbedingt erwähnen:

Die Sandsteinhöhlen beherbergen einen Bunker. Dieser wurde 1950 unter strengster Geheimhaltung vom saarländi-

> schen Ministerpräsidenten Johannes Hoffmann (Namenspatron unzähliger Straßen bei uns) dort in die untersten neun Stockwerke eingebaut. Natürlich nur für die Hautevolee, also die oberen Zehntausend – damit also praktisch doch für jeden Saarländer, denn so viele sind wir ja nicht. Nein, nun im Ernst: Er war nur für Regierungsmitglieder gedacht, also konzipiert aus Angst vor Kriegen und zwar von denjenigen, die im Zweifel dafür verantwortlich wären, um sich selbst dort davor schützen zu können. Da das natürlich jedermann auffallen würde, tarnte man den Bau taktisch klug. Und zwar mit einem Sporthotel, das zeitgleich direkt über dem Haupteingang errichtet wurde. Es nennt sich heute Schlossberghotel und ist noch in Betrieb.

In den Siebzigern bin ich noch mit meinen Eltern allein in den Schlossberghöhlen herumgekraxelt, was ganz schön spannend war. Doch 2003 stürzte der sogenannte Thronsaal ein und von da an war das verboten. Inzwischen wurden die Höhlen saniert und befestigt. Doch damit nicht genug: Sie sind offiziell ein Bergwerk, genauer ein Besucherbergwerk, und sie unterliegen dem Bergrecht. Daher darf man sie nur noch mit Führer betreten, was die Sache aber nicht weniger spannend sein lässt, da sich hier sogar Orks verirren und selbst mächtige Zauberer kaum mehr herausfinden. Von den zwölf Etagen sind heute drei für den Besucher zugänglich. Gewaltige Metallkäfige schützen die Gäste vor weiterem herabstürzenden Geröll.

Es empfiehlt sich auf jeden Fall, telefonisch zu reservieren, sonst kann es vorkommen, dass man vergeblich anreist. Wer aber einmal in den künstlich aus dem Fels herausgehauenen Höhlen gewesen ist und die tiefen Stollen, die weiten Hallen und die prachtvoll rot-gelb gefärbten Sandsteinwände und -decken gesehen hat, deren Besonderheit auch in den sogenannten Rippelmarken – Wellenspuren bewegten Wassers – liegt, wird die dort gewonnenen Eindrücke nicht mehr vergessen.

St. Ingbert, der Geheimtipp

Eine meiner Lieblingsstädte ist St. Ingbert. Die Fußgängerzone und das Flanieren in ihr sind eine tolle Sache. Zahlreiche Geschäfte und Bistros, Kneipen und Kleinkunstbühnen rund um die Kaiserstraße bereichern das kulturelle Leben der Stadt auf ihre eigene Art und Weise.

Doch betrachten wir zunächst einmal ihre Geschichte. Um 580 weilte angeblich der heilige Ingobertus als Einsiedler hier, was nicht gerade für eine überbordende Bevölkerungsdichte der Region in der damaligen Zeit spricht. Doch für die Namensgebung in späteren Zeiten war dieser eine frühe Einwohner offenbar ausreichend. Bis heute hat man allerdings noch keinen Beweis für seine Existenz gefunden, weder Gebeine noch Inschriften.

888 wurde der Ort von König Arnulf von Kärnten, der übrigens drei Jahre lang römischer Kaiser war, verschenkt. Damals hieß die Ansiedlung noch Lendelfingen (Lantolvinga), im 12. Jahrhundert erst Sankt Ingebrehtum und dann St. Engilbertum – dies waren dann bereits die Vorläufer des heutigen Namens.

1487 kam Georg I. von der Leyen daher, heiratete Eva von Mauchenheim zu Zweibrücken und bekam quasi als Dreingabe einen Teil von Blieskastel und St. Ingbert. Die von der Leyens sind ja im Moseltal keine Unbekannten und in Trier schon gar nicht.

Die Dingberter, wie sich die Einwohner von St. Ingbert selbst nennen, jagten sie dennoch 1793 davon und man rief sich 1797 flugs als freie Stadt und eigene Republik aus. Leider nur für acht Tage, dann war alles so wie zuvor. Erst kamen die Franzosen, dann die Bayern, anschließend wurde das Saargebiet und mit ihm St. Ingbert bekanntlich heim ins Reich geholt und letztlich von den Alliierten im Zweiten Weltkrieg zerbombt – es gab über hundert Fliegeralarme –, danach war man erneut selbstständig und wurde letztendlich Deutschland zugeschlagen. Den Ablauf kennen wir ja schon.

In wirtschaftlicher Hinsicht ist zu erwähnen, dass auch in St. Ingbert Kohleabbau betrieben wurde, der jedoch durch die Verwüstungen im Dreißigjährigen Krieg zum Erliegen kam. 1662 versuchte man es erneut und setzte unter Hinzunahme von Eisenerzen aus Lothringen erste Verhüttungen in Gang. Und man gründete eine Alaunfabrik und eine Vitriolmanufaktur. Und da beginnen nun wieder meine ach so geliebten Verschwörungstheorien:

> *Zu dieser Zeit suchte man nach dem Stein der Weisen. Und Vitriolum schien bei diesem Prozess ein wichtiger Baustein zu sein, die geheimnisvolle prima materia. Aus den Anfangsbuchstaben des lateinischen Spruches* Visita interiora terrae, rectificando inveniens occultum lapidem, veram medicinam, *der Christian Rosencreutz, dem (fiktiven) Gründer des Rosenkreuzerordens, zugeschrieben wird, ergibt sich der Name* V.I.T.R.I.O.L.V.M.
> *Dieser Satz bedeutet: »Betrachte, was im Inneren der Erde liegt: Indem du es läuterst, wirst du einen zuvor verborgenen Stein erhalten, das wahre Heilmittel.«*
> *Die Rosenkreuzer und Freimaurer machten sich dieses Motto im allegorischen Sinne zu eigen, für die Alchimisten wurde es zur wichtigsten Formel, das Vitriol zum Grundstoff ihrer Experimente. Und in St. Ingbert wurde es gewonnen. Mystisch.*

Doch das schützte St. Ingbert nicht vor Tod und Zerstörung. 1553 wütete die Pest, kurz darauf gleich noch einmal und 1637 vernichtete ein Großfeuer den Ort. Und als genüge das nicht, zog Napoleon innerhalb von sieben Jahren gleich sieben Mal durch das Städtchen und ging dabei nicht direkt pfleglich mit ihm um.

Die großen Industrien sind inzwischen alle nicht mehr da. An die glorreichen Zeiten des Bergbaus erinnern heute nur noch das Besucherbergwerk Rischbachstollen und der unter Denkmalschutz stehende historische Komplex des ehemaligen Eisenwerks Alte Schmelz mit den angegliederten Arbeitersiedlungen. Die Brauerei und die Glashütten haben ihren Betrieb inzwischen eingestellt. Dafür gibt es nun so ein Kuriosum wie das Saarländische Fastnachtsmuseum, das die Kölner zur Einrichtung eines ebensolchen Museums in ihrer rheinischen Narrenmetropole anregte. Neues hat sich in St. Ingbert etabliert, insbesondere Unternehmen aus dem Hightechbereich, mögen sie etwas länger verweilen. Insgesamt haben sich gerade im Westen der Stadt nach Dudweiler hin größere Betriebe angesiedelt.

Aber das Besondere an der Stadt ist für mich, wie gesagt, das lebendige und auch kulturell ansprechende Ambiente der Innenstadt. Seit über 50 Jahren findet dort beispielsweise jährlich ein überregional bekannter Kleinkunstwettbewerb statt, der im deutschsprachigen Raum zu einem der drei bedeutendsten zählt und bei dem der Gewinner mit der »St. Ingberter Pfanne« prämiert wird, so auch bereits Eckart von Hirschhausen.

Sommer wie Winter lädt das Badeparadies »Das Blau« dazu ein, sich zu bewegen, zu schwimmen, sich zu sonnen oder einfach mal die Seele baumeln zu lassen. Fast die Hälfte der Stadt besteht aus Wald und sie ist auch von ihm umgeben, weshalb ein Wandernetz angelegt wurde, das es zu erkunden gilt. Aber auch und gerade für Mountainbiker und solche, die es werden wollen, ist das interessant; für sie gibt es »die Pur«: Beinahe 100 Kilometer Strecke führen durch Wälder und über Stock und Stein, aber man ist nie weit von der Stadt entfernt und kann jederzeit einen kurzen Abstecher in die Zivilisation machen. Diese Routen wurden von Mountainbikeexperten angelegt. Es gibt die Abschnitte »Nord-West« und »Rund um St. Ingbert«, wobei sogenannte Singletrails beinahe die Hälfte der Strecke ausmachen, also Pfade, die so schmal sind, dass man sie nicht neben-, sondern nur hintereinander befahren kann. Kaum zu glauben, aber man ist wirklich mitten in einem Industriegebiet und umgeben von zahlreichen ehemaligen Eisenhütten.

Merzig, die Stadt des »feinen Saftladens«

Frankreich hat den Cidre, Hessen den Äppelwoi, wir im Saarland den Viez. Und nicht nur den. Seit dem Jahre 1938 wird in Merzig Apfelsaft gekeltert, den wir schon als Kinder genossen haben. In der Tat hieß es bei uns zu Hause nicht: »Ich möchte gerne Apfelsaft«, sondern: »Ist noch Merziger da?«. Begonnen hat es im Jahre 1938 mit der »Merziger Äppelkischd«. Mittlerweile ist die Marke Merziger aus den Fruchtsaftregalen der Geschäfte nicht mehr wegzudenken, auch wenn das Unternehmen selbst mittlerweile zur Niehoffs Vaihinger Fruchtsaft GmbH gehört. Im Herbst kann man aber immer noch Äpfel dorthin bringen und gegen Apfelsaft eintauschen.

Nicht nur St. Ingbert hat einige Namensänderungen hinter sich, Merzig kann da locker mithalten: Martiaticum (369), Martia

Auch auf dieser Terrasse möchte man sofort einen Espresso trinken: »Zum kleinen König« in Merzig.

(870), Mertzige (1338), Mertzych (1478), Metzig (1497), Mertzigh, Mertzych (1499) usw. Was die Historie anbetrifft, so wurde auch die Landschaft um Merzig in früheren Zeiten einfach an den Klerus verschenkt. Diesmal erhielt Trier den Zuschlag, dank eines »großzügigen« Bischofweihegeschenks von Karl dem Kahlen (823–877). Später wurde die Gegend in sogenannte Vogteien aufgesplittet, doch der Erzbischof von Trier blieb deren Eigentümer. Im 11. Jahrhundert wurde Merzig zum Zentrum des gleichnamigen Landkapitels, dem 45 Pfarreien angehörten. Aus dieser Zeit stammt die Kirche St. Peter (ca. 1152), die bedeutendste romanische Kirche im Saarland. Allerdings wurde sie mehrfach zerstört, ausgeraubt und Opfer der Flammen. Dennoch ist sie einigermaßen original immer wieder aufgebaut worden.

Um 1800 besetzten französische Revolutionstruppen den Ort. Der Rest steht praktisch schon in jeder anderen Stadtgeschichte, die in diesem Buch vorgestellt wurde.

Viele Wegekreuze zeugen von der religiösen Vergangenheit des Ortes. An Sehenswürdigkeiten hat das heutige Merzig diverse gut erhaltene Barockbauten zu bieten, daneben auch das historische Stadthaus, das im 17. Jahrhundert als Jagdschloss für den Trierer Erzbischof gebaut wurde.

Die Stadtpark direkt an der Saar ist ein prachtvoller Waldgarten. Etwas weiter davon entfernt liegt der zentrale Platz, auf dem z. B. das traditionelle Viezfest stattfindet, eine Kirmes mit Riesenrad, zahlreichen Buden und natürlich literweise Viez in allen möglichen Variationen. Entlang des Flusses führen Spazier- und Radwege. Da die Autobahn auf der anderen Seite der Saar liegt, kann man hier ungehindert an den Ufern entlang flanieren. Ebenfalls auf der anderen Saarseite liegt der Zeltpalast. Unter einem Zirkuszelt finden dort klassische Konzerte, Opern- und Theateraufführungen statt.

Wer möchte, kann auf den Radwegen bis zur nahegelegenen Saarschleife fahren und diese vom Fluss aus bewundern. Anmerkung: Wenn Sie den Weg dann fortsetzen und über Mettlach zurückfahren möchten, haben Sie recht bergiges Terrain unter den Rädern. Aber die Anstrengung lohnt sich, denn auf dem Weg liegen dann der »Garten der Sinne« (siehe Seite 132 f.) – auf dem Berg an der Ellerstrasse – und auch der spektakuläre Wolfspark Werner Freund (siehe Seite 120 ff.).

Es gibt noch viele weitere Orte, die zu beschreiben sich lohnen würde, Dillingen, Mettlach und Blieskastel beispielsweise. Sie haben auch Schriftsteller wie Elke Schwab inspiriert, die einige von ihnen recht anschaulich in ihren lokalen Krimis beschreibt, so etwa in *Eisige Rache*.

Gerümpel oder Schätze?

Kleine Museen, wohin man auch schaut

Fast jeder Ort hat ein Heimat- oder sonstiges kleines feines Museum, in dem ehrenamtliche Organisationen einen wesentlichen Teil unserer Vergangenheit für die Nachwelt bewahren. Immer steckt viel persönliches Engagement darin und die Museen sind meist nur ein oder zwei Tage im Monat geöffnet. Gleichwohl stellen sie einen wichtigen Teil saarländischer Kultur dar.

Was treibt die Menschen dazu, sich dafür zu engagieren? Was unterscheidet Sperrmüll von museumsreifen Exponaten? Schauen wir uns ein Beispiel an.

Tickt's noch richtig?

Versteckt im Köllertal, beinahe in Sichtweite der Burgruine Bucherbach, liegt in Püttlingen des Uhrmachers Haus. Hier finden über 1 500 Uhren aus allen Epochen einen Gnadenplatz bis an ihr Lebensende und darüber hinaus, wenn sie in ferner Zukunft ausgetickt haben sollten.

Wie unzählige andere Museen ist auch dieses Kleinod aus privater Initiative und dank ehrenamtlicher Tätigkeit entstanden und wird bis heute auf diese Weise verwaltet. Der Freundeskreis der Uhrmacherkunst e. V. betreibt seit 1992 ein besonderes Museum, das tickende Ausstellungsstücke präsentiert. In dem alten Bauernhaus ist minutiös die Geschichte der Zeit dokumentiert.

Alles begann im 18. Jahrhundert. 1715 wurde Johann Peter Frantz (mit »t« geschrieben) geboren. Zur damaligen Zeit hatte er zwei artverwandte Berufe: Uhrmacher und Schmied. Offenbar stellte man die Zeitmesser zu jener Zeit noch mit dem Schmiedehammer auf dem Amboss her und tatsächlich: Seine ersten Produkte fielen etwas größer aus, sodass man eigens riesige Gebäude dafür bauen musste, sogenannte Kirchtürme. Frantzens frühe Werke waren bereits mit Glockenschlag versehen.

Noch hatte niemand die Schrauben erfunden und so hielt man geschmiedete Zahnräder und Wellen mit Nieten zusam-

Werkstattschrank in der zum Museum umfunktionierten Fellenbergmühle in Merzig.

men. Johann Peter Frantz hatte genau die richtige Ausbildung. Er entwickelte seine Uhrwerke weiter und schmiedete nicht nur die gezähnten Räder, sondern montierte sie auch. Dazu wurden die rotglühenden Zähne an eine heiße Stelle des Eisenrings mit einem Hammer angeschmiedet – Präzision der ganz besonderen Art.

Johann Peter Frantz heiratete standesgemäß Maria Katharina Lautenbach, die Tochter eines Uhrmachermeisters. Ihr gemeinsamer Sohn Johann Peter fertigte die Frantzenuhr, die heute noch in dem südwestdeutschen sogenannten Quereinhaus zu bestaunen ist. Aber an ihr ist nur noch wenig von der Arbeit mit Hammer zu erkennen, das Werk geriet deutlich filigraner.

Die Familiensaga geht munter weiter: 1815 wurde in diesem Haus eine Uhrmacherei gegründet. 1985 starb der letzte Uhrmacher der Familie Otto Wilhelm Franz (nun ohne »t« geschrieben) und drei Jahre nach ihm seine Frau Auguste. Das Gebäude fiel an die Stadt Püttlingen, die sich gleich an seine Sanierung machte. 1989 gründete man auf Vorschlag der Uhrmacherinnung den Verein, mit dem Ziel, in diesen traditionsreichen Räumlichkeiten ein Museum zu errichten, nachdem zwei Ausstellungen zum Thema Uhren bereits große Erfolge erzielt hatten.

1992 wurde das Haus eröffnet. Der in direkter Nachbarschaft liegende Obst- und Gartenbauverein Köllerbach pflegt und hegt den Bauerngarten rund ums Anwesen.

Über 4 000 Jahre Zeitgeschichte wird im Uhrenmuseum dokumentiert, von den ersten Elementaruhren aus Ägypten und Sonnenuhren bis hin zu modernen Quarzuhren, wie auch ich eine am Handgelenk trage. Ehrlich gesagt faszinieren mich die Uhren ohne Zifferblatt und Räderwerk mehr als ihre mechanischen Brüder und Schwestern.

Schon sehr früh beschäftigten sich die Menschen mit der Zeit und außer der Baukunst hat wohl kaum eine andere Handwerksdisziplin so viele bahnbrechende Erfindungen hervorgebracht. Im Grunde steckt eine meisterhafte Ingenieurleistung hinter jedem Uhrwerk, auch wenn die Meister der Zunft sich »nur« Uhr-«Macher» nennen.

Ein Rundgang durch die Sammlung offenbart, wie wertvoll die Zeit sein kann.

Die Turmuhrensammlung im Uhrmachers Haus.

Alle Exponate im Uhrenmuseum ticken noch.

Früher zog man zu deren Messung Gewichte oder Wasser durch ein System von Röhren. Die gute alte Sanduhr war entscheidend für die Positionsbestimmung der Schiffe, als uns noch kein GPS lotste und die Landkarten der Welt vielerorts weiß waren. Glaubwürdigen Berichten zufolge sollen Matrosen, die Uhrendienst hatten und es versäumten, die Uhr umzudrehen, an einem Strick hinter dem Boot hergezogen worden sein. Dass dabei die Sportart Wasserski erfunden worden soll, ist allerdings nicht belegt.

Wie man die Position seines Segelschiffes mittels einer Uhr bestimmen kann, erfährt man ebenfalls hier.

Kerzen und Brennstäbchen, die kleine Klangkugeln in eine Kupferschale tröpfeln lassen, oder der Nachbau einer Kanonenuhr bilden weitere Highlights der Sammlung.

Im Turmuhrenzimmer sind außer den schon erwähnten großformatigen Preziosen aus der Werkstatt von Johann Peter Frantz noch weitere schöne Stücke zu sehen, teilweise aus dem 15. Jahrhundert – alle funktionieren noch immer.

Dann ziehen mich die großen Werke der Kirchuhren in ihren Bann – Technik zum Anfassen: Bei den winzigen Knopflochuhren erkenne ich nur mit einem Mikroskop die Zeiger, aber hier, in den riesigen Zahnradgetrieben, da kann ich mich verlieren.

In den folgenden Räumen sieht es schon wieder ganz anders aus. Bescheidene Uhrmacher haben ihre mechanischen Kunstwerke oft in pompösen Statuen und Skulpturen von eleganten Damen versteckt, die jeden Blick auf sich lenken. Oft steht dabei der luxuriöse Zierrat im Vordergrund – zu Unrecht, wie ich meine.

»Die Erfindung der Aufzugsfeder nach dem Pendel hat die Uhrmacherkunst revolutioniert«, vernehme ich von Klaus Hoffmann, unserem fachkundigen Führer. »Eine kleine Feder wird gespannt und entspannt sich, indem sie ein Rädchen antreibt.« Somit war der Anstoß für die unaufhaltsame Miniaturisierung gegeben.

Wer wissen möchte, warum das Nürnberger Ei eigentlich eine Dose ist und nichts mit einem Ei zu tun hat, darf hier gerne nachfragen – ich verrate Ihnen nur schon so viel: Es geht dabei um Taschenuhren.

In der Uhrmacherwerkstatt muss ich bereits meine Lesebrille aufsetzen, um wenigstens die allergrößten Schrauben noch zu erkennen. Haarfeine Wellen sehe ich nicht einmal mehr damit.

Die Uhrmacherkunst hat in Deutschland eine lange Tradition, das ist auch jenseits unserer Grenzen bekannt:

> *Fast überall im Ausland (vor allem in Asien und den USA) findet man sogenannte* cuckoo clocks, *die Rede ist hier natürlich von den vermeintlich typisch deutschen Kuckucksuhren. Handgearbeitet kosten diese meist mehrere hundert US-Dollar, aus China kriegt man sie für läppische 20 Dollar.*
>
> *In Las Vegas habe ich dereinst den World's largest Gift Shop besucht, also den dem eigenen Größenwahn zufolge größten Geschenke- oder Souvenirshop der Welt. Ein Raum dort war voll von diesen Vogeluhren aus dem Black Forest of Germany, mehr*

> *als 2 000 Stück waren es, wie ein Schild verkündete. Ein Jahr später beherbergte dieser Teil des Ladens stattdessen T-Shirts und Pullover mit nationalen amerikanischen Adlern und Fahnenmotiven. Die Kuckucksuhren waren ausverkauft. Rein rechnerisch müssen das mehr als fünf Uhrverkäufe pro Tag gewesen sein. Unglaublich!*

Da es sich beim Uhrmachers Haus, wie mehrfach erwähnt, um das rein private Museum eines Vereins handelt und man den Eintritt niedrig kalkuliert wissen möchte, empfiehlt es sich, die Internetseite wegen der Öffnungszeiten zu konsultieren (siehe Webadresse auf Seite 260), da die Sammlung nicht jeden Tag geöffnet ist. Schade eigentlich, denn so ticken die Uhren oft vergebens und das Gebimmel der Glöckchen verhallt ungehört. Aber so ist das eben.

Bei 1 500 Ausstellungsobjekten kann ich mich nicht entscheiden, welche Uhr die interessanteste ist. Und so frage ich einen der Organisatoren des Museums, Klaus Hoffmann, ein Vorstandsmitglied des Vereins Freundeskreis alter Uhrmacherkunst, nach seiner Meinung diesbezüglich.

»Keine Frage, diese hier: eine Taschenuhr aus dem Jahre 1875; das aus Platin gefertigte Gehäuse ist dünner als so manch moderne Armbanduhr.«

»Wie sind Sie zu diesem Club gekommen?«, möchte ich wissen.

»Über die Innung der Uhrmacher. Nachdem das Haus den Uhren gehören sollte, war es nur eine Frage der Zeit, bis sich ein Verein gründete, um die Regie zu übernehmen.«

Und ich frage mich, weshalb man seine Zeit um der Zeit willen opfert. Klaus Hoffmann weiß, was die Antriebskraft ist: »Die Liebe zur Uhr!« Er selbst hatte über 20 Jahre lang ein Uhrengeschäft, und der 1. Vorsitzende des Vereins, Karl-Horst Schmitt, der seine Jugend wenige Meter von dort entfernt verbrachte, wo ich heute noch lebe, war über ein Vierteljahrhundert als Gutachter tätig. Nach der Pensionierung machten die Herren einfach weiter. Bei einer Tasse Café crème erzählen sie, wie sie das Haus von der Stadt Püttlingen erhielten und welches Chaos hier herrschte.

»Und was genau fasziniert so an Uhren?«, lasse ich nicht locker.

In diesem Augenblick, es ist kurz nach Toresschluss, kommt ein Besucher, der ein Anliegen hat. Er bringt zwei Taschenuhren, die sofort fachmännisch begutachtet werden: »Diese hier ist von 1925, das Kaliber gibt es seit etwa 1920, aber die Welle sitzt nicht zentral, daher hat sie eine gewisse Ungenauigkeit. Sie wurde auch oft repariert, diese Teile sind nicht mehr original. Aber die andere ist eine Longines, ich schätze von ca. 1870 oder 1875.« Und dann sprudeln noch mehr Fachbegriffe hervor, ich höre etwas von Federn und Mechanik, von Kronen und Lagern.

»Sehr guter Zustand, auch sie wurde mehrmals gerichtet, sehen Sie hier?« Karl-Horst Schmitt zeigt auf eine Gravur, die ich ohne Brille nicht mal erkennen kann. So erfahre ich, dass jeder Uhrmachermeister in Deutschland seine Initialen mit dem Datum der Reparatur eingraviert. Und dann erzählt er die Geschichte, wie ein ebensolches Geritze nach 23 Jahren eine Mörderin überführte. Und ich lerne, warum man besser zu einem Uhrmacher geht, um eine Batterie wechseln zu lassen. Denn ... Aber pst, das ist ein Geheimnis. Wenn Sie dessen Lösung erfahren möchten, fragen Sie die Damen und Herren Organisatoren des Museums.

Die beiden Taschenuhren werden dem Verein geschenkt und die Longines-Uhr erhält einen Sonderplatz.

In diesem Buch steht des Uhrmachers Haus stellvertretend für zahlreiche kleinere Museen, deren Puls nur durch private Initiative schlägt, wie eingangs zu lesen ist. Sie können hier nicht alle vorgestellt werden, vor allem nicht in dieser Ausführlichkeit. Aber einige andere kleine feine Sammlungen möchte ich doch zumindest noch erwähnen.

Bleiben wir bei tickenden Schönheiten: Wertvolle Uhrenunikate zeigt auch das Blieskasteler Uhrenmuseum La Pendule. Die 98 dort ausgestellten Uhren sind zum Teil über dreihundert Jahre alt und wurden individuell gefertigt, sind also keine Massenware. Sie dienten der Verschönerung der Häuser, demonstrierten den Wohlstand und die Fortschrittlichkeit ihrer Besitzer und zierten so manchen Hausrat. Wer sich dafür interessiert, erfährt Näheres beim Kulturamt Blieskastel (siehe Webadresse auf Seite 260).

Wer präzise Uhrwerke fertigt, benötigt entsprechendes Werkzeug. In Merzig, in der Marienstraße, kann in der alten, mit dem saarlän-

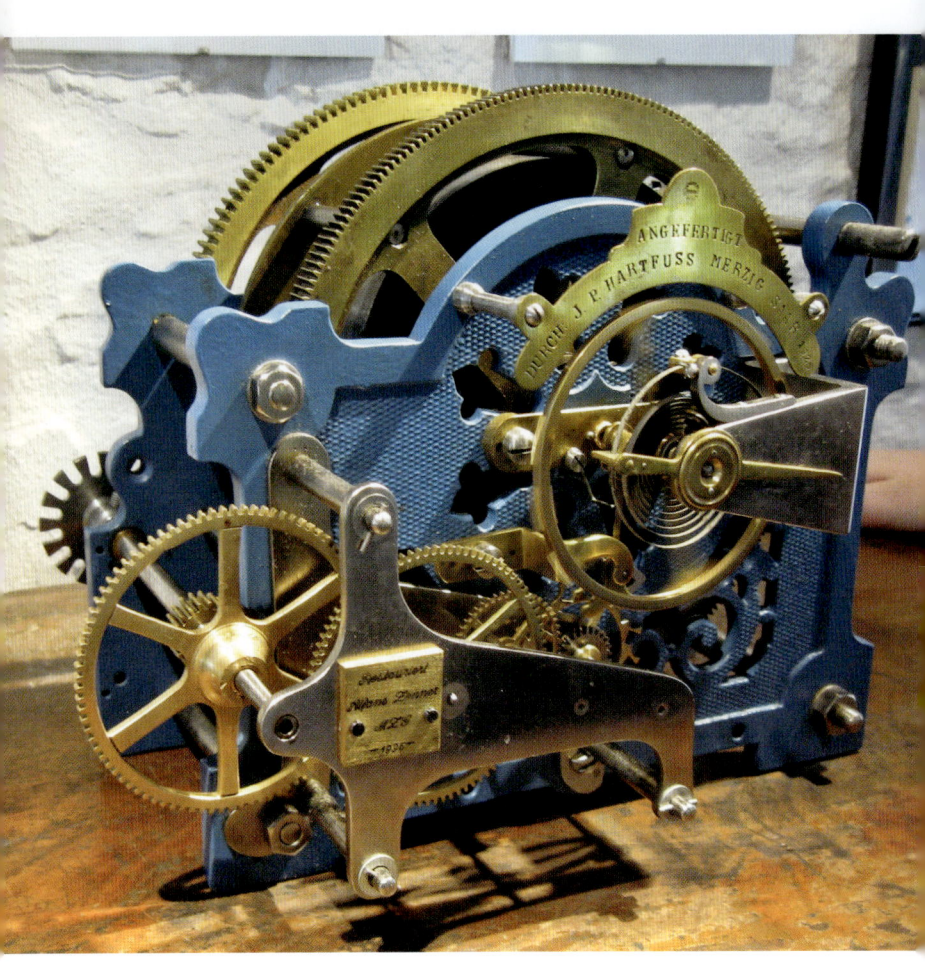

Saarlanduhr, ausgestellt in der Fellenbergmühle in Merzig.

dischen Denkmalpflegepreis ausgezeichneten Fellenbergmühle eine feinmechanische Werkstatt besichtigt werden, die authentisch so in Betrieb war. Kaum zu glauben, aber mit dem Antrieb der alten Wassermühle fertigte man hier Präzisionszahnräder an. Johann Peter Hartfuß unterhielt hier ab 1927 einen feinmechanischen Betrieb, in dem er Maschinen und Werkzeuge für

Drehbank, ebenfalls in der Fellenbergmühle zu besichtigen.

Uhrmacher herstellte. Doch damit erschöpfte sich das Spektrum seiner Tätigkeiten nicht. Zu den Prunkstücken der Sammlung zählt eine von Hartfuß entwickelte und patentierte Gravurmaschine, die Eheringe graviert. Was liegt also näher, als in diesem Ambiente auch Hochzeiten anzubieten?

Wenden wir uns den Spezereien zu. Obwohl wir 13 Brauereien im Saarland hatten, erstaunt es doch, dass wir lange Zeit kein Brauereimuseum vorweisen konnten. Erst auf private Initiative hin wurde 2014 das Museum für saarländische Brauereikunst Schalander eröffnet. Es befindet sich in Wiesbach Mangelhausen in der Heusweilerstraße. Die Öffnungszeiten erfährt man auf der Facebook-Seite des Museums.

»Schalander« ist übrigens die Bezeichnung für einen Aufenthaltsraum für Brauer und Mälzer, später wurde der Brauereiausschank so bezeichnet.

Im Saarländische Brennereimuseum in Perl-Tettingen (in der Lindenstraße) geht es hochprozentiger zu als im Schalander. Dort führt die Familie Beckier neben ihrer Destillerie noch ein kleines Museum, in dem man die Kunst des Schnapsbrennens erleben kann. Die Apparaturen, aus denen die hochprozentigen Brände destilliert werden, nennt man Destillen und davon sind dort über 50 Exemplare zu bestaunen – manche sehr kompliziert, andere wiederum recht einfach, alle jedoch funktionsfähig. Hoch die Gläser!

Oder auch hoch die Tassen. In Mettlach befindet sich das Museum des Unternehmens Villeroy & Boch, das dort auch seinen Hauptsitz hat und dessen Keramiken weltweit einen exzellenten Ruf genießen. So fand ich eine Auswahl davon u. a. in einem Laden in Kuala Lumpur, in den USA und in den Niederlanden. Auch in Paris werden die Service von V&B angeboten. Darauf können wir Saarländer schon ein bisschen stolz sein. Das Museum führt durch fünf Epochen Keramikgeschichte – von den einfachsten Töpferarbeiten über mächtige Waschbecken bis hin zu feinsten Porzellantassen, wertvollen Vasen und kostbaren Kannen – und zeigt, dass Gedecke und Kaffeeservice durchaus etwas mit Kunst zu tun haben können.

Und nun, zum Abschluss der Vorstellung einiger themenbezogener Spezialmuseen, möchte ich Sie noch auf eine Kuriosität aufmerksam machen: auf das Museum für Saarländischen Aberglauben, ansässig in der Dorf-

Ausstellungsstücke im Keramikmuseum von Villeroy & Boch.

mitte von Rubenheim, heute einem Stadtteil von Gersheim im Süden des Saarlands. In der Scheune des ehemaligen Gasthofs Hepp, der allein schon für sich sehr sehenswert ist, befindet sich eine der umfangreichsten Sammlungen Deutschlands zum Thema Aberglauben. Besichtigt werden können die verschiedensten Objekte, denen eine magische oder schützende Bedeutung zugesprochen wurde, so etwa Talismanne, Amulette oder Würfel. Außerdem sogenannte Bauopfer, also Gegenstände, die zum Schutz eines Gebäudes in dessen Mauerwerk oder Gebälk integriert wurden. Das Museum informiert zudem über Aberglauben im Hinblick auf Haussegen und -geister, Schadenzauberei und vieles mehr. Man braucht also nicht unbedingt fernöstliches Feng Shui, um die eigenen vier Wände vor unerwünschten Energien zu schützen – hier im Saarland haben wir da seit Langem unsere eigenen Methoden.

Wie viele andere kleine Museen hat auch dieses hier nur sehr begrenzte Öffnungszeiten. Dafür lohnt sich der Besuch dann aber auch gleich doppelt. Denn in demselben historischen Gebäudekomplex ist noch ein weiteres sehr sehenswertes Museum untergebracht: das Museum für Dörfliche Alltagskultur. Und damit befinden wir uns schon mitten in unserem nächsten Thema.

Passt Heimat in ein Museum?

Was ist das Heimatland und was haben ein uralter Pflug oder ein Dampftrecker damit zu tun?

Das verrät uns beispielsweise ebenjenes Museum für Dörfliche Alltagskultur in Rubenheim. Wie gesagt, ist das Gebäude, das aus dem 18. Jahrhundert stammt, an sich bereits ein Hingucker: Liebevoll restauriert und mehrfach prämiert stellt es als repräsentatives Beispiel saarländischer Dorfkultur schon selbst ein Stückchen Heimat dar.

Und in seinem Inneren werden dann wahre Schätze offenbart – Schätze zumindest für denjenigen, der in ihnen die Geschichte unserer Vorfahren zu lesen versteht. Denn um sie geht es in diesem Museum: um die »kleinen Leute«, ihr Leben, ihren Arbeitsalltag, ihre kleinen Vergnügungen, aber auch um ganz Profanes. Und

Der ehemalige Gasthof Hepp in Rubenheim beherbergt gleich zwei sehenswerte Museen, die Sammlungen zu den Themen Alltagskultur bzw. Aberglauben zeigen.

so findet man in der Sammlung neben diversen landwirtschaftlichen Geräten, Werkzeugen und allerlei Küchenutensilien etwa auch Toiletten oder eine Vorrichtung, mit der Eis hergestellt werden konnte. So manch ein Besucher mag sich bei dem ein oder anderen Ausstellungsstück vielleicht nostalgisch an die eigene Kindheit erinnern, in der man die Großeltern noch mit solchen Gerätschaften hantieren sah.

Wie bedeutungsvoll Heimatmuseen sein können, zeigt folgende Story zweier betagter amerikanischer Ladys, die ein solches im Saarland besuchten. Leider weiß ich nicht mehr, welches es war, aber das spielt auch keine Rolle.

Sie waren auf der Suche nach den Ursprüngen ihrer eigenen Familie, kannten aber nur den Vornamen und einen ungefähren Familiennamen ihres Urgroßvaters sowie den Namen eines Ortes der Region, aus der er stammte. Dort begannen sie mit ihrer Recherche auf gut Glück im Rathaus. Man verwies sie an den Archivar des dörflichen Heimatmuseums, der ausnahmsweise außerhalb der Öffnungszeiten seine Schätze polierte. In einem Raum mit »viel Krimskrams« verbarg sich auch eine Kiste mit Fotos. Die beiden Damen erkannten auf einem davon ihren Großvater, der als kleiner Bub in die USA ausgewandert war. Aus »Hubertus« war »Hubbard« oder so ähnlich geworden. Aber mit dem Bild und seinem deutschen Namen begaben sie sich nun querfeldein auf Spurensuche und entdeckten dabei ihre eigene Historie. Sie fanden einen Hof, auf dem ihr Vorfahr einst gelebt hatte, dort kannte man ihn aber nicht mehr; es hieß, die Familie sei damals weitergezogen in den Nachbarort. Und dort hatte der Großvater der beiden Damen bis zu seiner Ausreise in die USA, das gelobte Land, gelebt. Der Stammbaum der beiden Damen ließ sich bis weit ins 17. Jahrhundert zurückverfolgen. Die Amerikanerinnen fanden zu ihrer Familiengeschichte über ein kleines Heimatstübchen und ein vergilbtes Fotoalbum.

Das ist es, was Heimat auszeichnet, was uns alle einmalig und dennoch Teil einer Gemeinschaft sein lässt – nicht die großen Burgen und spektakulären Ruinen früherer Kulturen, es sind die Kleinigkeiten: Vereinsbilder, Urkunden, Fotografien, Küchen- und Schlafzimmereinrichtungen, Pflüge und Werkzeuge, Kleider und vielleicht auch gestickte Erbstücke.

Ich habe selbst etwas Ahnenforschung betrieben und durfte dabei feststellen, dass sich unser Stammbaum bis in die Kirchbücher des 12. Jahrhunderts von Außen bei Lebach zurückverfolgen lässt.

Das alles ist Heimat, das ist die Welt, in der wir leben. Wir entscheiden, ob wir wegziehen, vielleicht auswandern, gar flüchten müssen, um eine Zukunft zu haben, aber die Heimat im Herzen, die nehmen wir immer mit uns.

Mitte der 1980er Jahre erlebte ich am 1. Juli, dem Nationalfeiertag der Kanadier, in der Nähe von Montreal eine Zeremonie, bei der bisherige Ausländer durch den Bürgermeister die kanadische Staatsbürgerschaft verliehen bekamen. Dieser sagte, nachdem er acht Familien mit einer Urkunde als Neukanadier begrüßt hatte: »Sie gehören jetzt zu uns und wir gehören zu Ihnen. Vergessen Sie aber niemals ihre Wurzeln. Verdrängen Sie nie, woher Sie stammen. Hier ist Ihre Zukunft, dafür sind wir alle da. Ihre Vergangenheit aber gehört Ihnen allein. Es liegt an Ihnen, was daraus werden wird.« Beeindruckend.

In diesem Buch kann ich natürlich nicht von allen Heimatmuseen berichten. Nicht von dem in Heusweiler, Wallerfangen, Gersweiler, Eppelborn, Freisen, Kleinblittersdorf, Bliesmengen-Bolchen, Urexweiler, Merzig, Neunkirchen-Wiebelskirchen, Wadern, Ottweiler, Steinbach, Perl, Quierschied, Rehlingen, Siersburg, Schwalbach, Hassel, Sulzbach, Niederlinxweiler, St. Arnual, Tholey-Neipel, Völklingen-Ludweiler und wo sie noch überall zu finden sind.

Stets wird dort ein Teil unseres Lebens für die Nachwelt konserviert.

Bei Interesse an den Heimatmuseen informieren Sie sich am besten bei den jeweiligen Gemeinden. Wenige dieser Sammlungen haben eine Internetpräsenz, oft sind sie aber auf Facebook zu finden.

Da diese Einrichtungen ausnahmslos privat unterhalten werden, haben sie, wie gesagt, leider nur unregelmäßige Öffnungszeiten, allerdings ist praktisch jedes Mal, wenn die Pforten für Besucher geöffnet werden, der Archivar mit dabei, der interessante Geschichten zu erzählen vermag.

»Wellenreiten« in die ganze Welt?

Das Saarland und seine Medien

Der Rundfunk

So manch einer spöttelt, das Restaurant Schloss Halberg bei Saarbrücken sei die einzige Kantine der Welt, welche ein eigenes Radioprogramm produziere. Nun, beinahe könnte man das meinen, verehrte Leser, aber nur beinahe. In dem alten, durch zahlreiche Kriege zerstörten und inzwischen renovierten Gebäude ist zwar ein wirklich erstklassiger Restaurationsbetrieb mit Gartenterrasse untergebracht, jedoch ist die Sendeanstalt des öffentlichen Rechts wesentlich bedeutender. Das sieht man schon am nicht zu übersehenden rot-weißen Sendemast neben dem Funkhaus auf dem Halberg. Und nicht zuletzt auch daran, dass die Intendanz mehr Etagen des Gebäudes in Beschlag hat als die Gaststätte.

Kaum eine andere Institution hat das Saarland und seine Einwohner so sehr geprägt wie der Saarländische Rundfunk (zur *Saarbrücker Zeitung* komme ich noch). Er hat dem kleinen Ländchen immer wieder zu seiner Identität verholfen, hat gekittet, was auseinanderzubrechen drohte. Dabei ging es bislang zumindest auf eine besonders unaufdringliche Art zu, ohne Provokationen, ohne Geschrei, eher unterschwellig.

Manche Beiträge sind aber wirklich originell. So habe ich noch Umfragen im Ohr, bei denen die Befragten im ersten Halbsatz absolut akzentfreies Hochdeutsch sprachen und im Nachsatz tiefsten Dialekt, z. B. »Ich bin davon nicht überzeugt, weil di honn joh de Knall noch nitt gehehrt, awa wärklisch«.

So verwickelt wie die politische Geschichte des Saarlands ist auch die seines Rundfunks. Bis 1929 unterstand das Gebiet ja, wie bereits mehrfach erwähnt, den Franzosen, die verständlicherweise keinen deutschen Rundfunkempfang zulassen wollten. So blieben wir eines der ersten Täler der Ahnungslosigkeit, was sich später als Exportschlager erweisen sollte, denn mit diesem Titel zierten sich im Anschluss noch einige andere Regionen.

Schloss Halberg – Deuschlands schönste »Rundfunkkantine«.

Das Funkhaus des Saarländischen Rundfunks.

1929 kam endlich auch ein Rundfunkbeitrag aus unseren Breiten. Nachdem das Saarland sich endgültig vorläufig zeitweilig von Frankreich losgesagt hatte, entstand ein bescheidenes Rundfunkprogramm, das die Nationalsozialisten – wen wundert's? – sofort einkassierten. Nach dem Zweiten Weltkrieg und unter dem Völkerrecht der Vereinten Nationen baute man dann eine Radiostation und in den frühen 1960er Jahren legte man schließlich los.

Was wir machen, das machen wir richtig oder gar nicht. Dank der Europawelle Saar auf Mittelwelle 1421 konnte man die Radiosendungen bis ans Mittelmeer verfolgen. Komisch, während ich das schreibe, fällt mir auf, dass diese Zahl wie in meinen Kopf eingemeißelt ist, ich muss nirgendwo nachschlagen oder mich durch knallharte Recherche vergewissern: 1421. Ach ja, und UKW 88,0. Später wurde dann daraus SR1 Europawelle und 1422, da man sich mit der Frequenz eines nordafrikanischen (!) Senders kabbelte.

Die Mittelwelle wird 2016 eingestellt, aber darüber hört ja sowieso kaum noch jemand Radio. Wenn, dann lauscht man im

Internet. Jedenfalls erfreuten sich die Sendungen großer Beliebtheit. Schon früh übernahm man – inzwischen im Schoße der ARD – stets eine Vorreiterrolle.

Kaum einer mag es wissen, aber der SR, wie der Saarländische Rundfunk liebevoll abgekürzt wird, zerbröselte zum Beispiel die extralangen abendlichen Werbeblöcke in handliche Portionen und servierte sie häppchenweise pro Stunde den Zuhörern, die davon begeistert waren. Nicht ganz so begeistert war die ARD. Einige Verantwortliche wollten den SR deswegen gleich ausbooten, aber ehe es so weit kam, übernahmen weitere Anstalten die Idee und machten sie damit salonfähig.

Da deutsches Programm mit französischem Flair vor allem Richtung Süden ausgestrahlt wurde, experimentierte man auch mit den Formaten. So ließ man den Rundfunksprechern (ja, so hießen Moderatoren einmal) nahezu freie Hand. Manfred Sexauer bereitete in den 1960er und 1970er Jahren den Boden für internationale Popmusik und erarbeitete auch fernsehtaugliche Serien, wie den »Musikladen« von Radio Bremen, den er von den Anfängen im Jahr 1972 bis zu dessen Ende 1984 moderierte.

Die Goldene Europa, der älteste deutsche Fernsehpreis, wurde vom SR kreiert und an zahlreiche Promis und echte Künstler des Pop- und Showbusiness vergeben. Sie alle reisten an den Halberg, den Standort des Senders. Die Goldene Europa war 1968 der allererste Fernsehpreis überhaupt in Deutschland – an seiner Gründung war übrigens Kultmoderator Dieter Thomas Heck maßgeblich beteiligt – und er sollte vor allem deutschsprachige Musiker auszeichnen. So waren die ersten Preisträger Alexandra, Roy Black, Rex Gildo, Udo Jürgens und Vicky Leandros, eine kunterbunte Riege, die bereits zu jener Zeit dem Hang zum Multikulti der saarländischen Volksseele entsprach. 2003 entschied der SR, dass man sich verabschieden sollte, wenn es am schönsten ist. Und leider muss ich sagen, der Glanz und das Ansehen der Goldenen Europa versanken neben den Werten diverser noch vorhandener Preise bis ins Niveaulose. Nun denn, mit Werden und Vergehen kennen wir Saarländer uns ja gut aus.

Auch die Ära eines Manfred Sexauers ist vorüber. Radio muss sich permanent neu erfinden. Die Flut der digitalen Medien nimmt überhand. News bekommt man per App topaktuell aufs Smartphone, die Nachrichtensendungen hinken hinterher. Den Stau meldet das Navi vorab, das Radio erst dann, wenn man schon drinsteht.

Doch eines ist geblieben: Während in manchen anderen Landesteilen die »1er-Linie« für kulturelle Qualität steht und die Popsender für Junge und Junggebliebene in die dritten Hörfunkprogramme abgeschoben wurden, stand diese Art der Unterhaltung im Saarland immer auf Platz 1. HR3, SWR3, NDR3, aber SR1. Wir sind (fast) die einzige Ausnahme! Auch heute noch laufen Radiocomics und Gags beim SR1, ausgewählt und im Verbund produziert.

Der Saarländische Rundfunk erkannte schon sehr früh die Chance, Kinder am Bildschirm zu begeistern und gründete zusammen mit dem WDR die *Sendung mit der Maus*, eine Kooperation, die noch immer funktioniert. Auch bei der »Konkurrenzveranstaltung«, der *Sesamstraße*, ist man dabei, wenn auch etwas später eingestiegen.

Auf SR4 gab es zudem den Offenen Kanal, der als Bürgerradio den Hörern die Möglichkeit bot, eigene Beiträge zu senden, sofern diese bestimmten Regeln entsprachen, das versteht sich. Wir hatten eines unserer Rockkonzerte dort geschnitten und ich habe viel dabei gelernt. Leider gibt es diese Institution seit 2002 nicht mehr.

Junges Radio war stets das Anliegen der Intendanz und so rief man zusammen mit dem SWR »UnserDing« (Bei SWR: »Das Ding«) ins Leben, und es sendet und sendet und sendet ... Selbst ich höre das auf meine alten Tage noch ab und zu im Autoradio.

Im Laufe der Geschichte wurden die Hörfunk- und Fernsehprogramme mehrmals umgestaltet. Als der SDR (Stuttgart) und der SWF (Baden-Württemberg) zusammengelegt wurden, blieb irgendwann das Rundfunksymphonieorchester Kaiserslautern auf der Strecke. Es fand eine neue Heimat beim SR und nennt sich seitdem Deutsche Radio Philharmonie Saarbrücken Kaiserslautern. Die beinahe hundert Musiker spielen fleißig klassische Komplettwerke ein und ihre Konzerte werden mehr oder weniger regelmäßig auf Arte, SR2 und SWR2 übertragen.

Der Sendemast des Saarländischen Rundfunks auf dem Halberg.

Der Saarländische Rundfunk in concert – Publikumsraum.

Früher war alles noch ganz anders, so natürlich auch beim Sender. Roland Helm hat in den 1980ern jeden Tag Pop und Rock serviert, versteckt in journalistischen Magazinen. Zudem hat er noch improvisiert, Interviews gesendet und uns über die Popwelt aufgeklärt. Denn in seinem Herzen ist Roland Helm ein Rocker bzw. Blues-Musiker. Zahlreiche Konzerte und ein Buch, *Saar-Rock History*, sind die Früchte dessen. Ich habe ihn uns seine Musikerkollegen im Hotel Saarpark in Mettlach erlebt, wo wir die Band bis zum Morgengrauen nicht von der Bühne lassen wollten.

Zusammen mit ihm, jetzt Programmgruppenleiter Produktion/Sounddesign beim SR1 und von »UnserDing«, besuche ich ein verwaistes Tonstudio, das voll funktionsfähig dahindämmert, bis es zur Zusammenstellung von Reportagen gebraucht wird. Roland Helm ist Experte und demonstriert mir die Aufnahmetechnik. Ich sehe, wie sich Regler von Geisterhand bewegen und sich das Mischpult selbst einrichtet. Wir machen eine Probeaufnahme, schnippeln am Bildschirm mit hochmoderner Software innerhalb weniger Sekunden vorne und hinten etwas weg, mischen etwas anderes darunter. Fertig. Der Rundfunksprecher heutzutage ist auch Akustiker, beschneidet Frequenzspitzen und reduziert Grundrauschen per Mausklick.

Dann lauschen wir einer Comedy, in welcher der griechische Regierungschef Tsipras mit Schäuble so seine lieben Probleme hat. Etwas Musik gefällig? Kein Problem.

Roland Helm veranschaulicht die Menüeinträge: »Hier sind Reportagen gesammelt. Als ich noch ARD-Korrespondent in Washington war (in den 1980ern), da haben wir immer telefoniert und das Gespräch ging entweder live über den Sender oder wurde auf Band aufgezeichnet.«

»USA? Was haben Sie eigentlich vor der Radiomoderation gemacht?«, möchte ich von ihm wissen.

»Ronald Reagan war Präsident der Vereinigten Staaten, als ich 1983 als erster SR-Juniorkorrespondent nach Washington ging. Ich habe Reagan sogar einige Mal live und direkt erleben dürfen. Bei Pressekonferenzen im Weißen Haus und einmal im Flugzeug bei den Vorwahlen in Iowa. Meine Zeit in der amerikanischen Hauptstadt war hauptsächlich von den Themen Pershing II und Nachrüstung, von »Star-Wars«-Raketenabwehr-Plänen und dem Krieg der von den USA unterstützen »Contra«-Rebellen gegen die linken Sandinisten in Nicaragua geprägt. Hinzu kam eine Fülle weiterer Themen: vom Hungerwinter in Detroit (lange Schlangen vor den Suppenküchen) bis zur 300-Jahr-Feier der ersten deutschen Einwanderung nach Amerika. Ich war durch die Zeitverschiebung praktisch rund um die Uhr im Dienst und gab meine Berichte von zu Hause per Telefon genauso durch wie aus dem Büro. Anrufe um Mitternacht waren keine Seltenheit. Mein Chef war der legendäre Hörfunk-Korrespondent Ulrich Schiller, der u. a. in Moskau gearbeitet hatte, und ich hatte auch Gelegenheit, Fritz Pleitgen mehrfach zu begegnen, der damals Fernsehkorrespondent der ARD war. Unsere Quellen waren 1983/84 noch ganz klassisch Radio, Fernsehen, Zeitungen und Nachrichtenagenturen, die ihre Meldungen – man erinnere sich – noch per Ticker schickten. Außerdem gab es erfreulich direkte Begegnungen mit amerikanischen Politikern und Journalisten, aber natürlich auch deutschen Politikern auf USA-Visite. Internet war noch unbekannt, man hatte die Welt noch nicht wie heute per Bildschirm auf dem Schreibtisch und musste für die Geschichten einfach raus und Leute treffen, was ich sehr genoss. So machte ich viele Reisen solo oder im Journalistentross, einmal auch als begleitender ›Kriegsreporter‹ in einer Transportmaschine der US-Airforce mit Spezialeinheiten am letzten Tag der Invasion auf der Karibikinsel Grenada, die eine neue ›revolutionäre‹ Regierung hatte, was Washington missfiel. Die Anzahl meiner Rundfunkbeiträge schwankte zwischen drei und 30 am Tag, häufig zu ganz verschiedenen Themen. Nach der Studienzeit, die ich nach dem Abitur (1969/70) in Florida verbracht hatte, war dies mein zweiter längerer USA-Aufenthalt.«

Ich könnte noch ein paar Stunden lang zuhören.

»Heutzutage geht es über Klick und Drop, Jingles, Beiträge usw. Nur anklicken und – schwupp – wird etwas gesendet, siehst du? So! Und weg damit. Wie richtig großes Radio funktioniert, wird uns Daniel Simarro erklären.«

Nicht zu fassen, ich treffe »The voice of SR1«. Zusammen mit Roland Helm schneie ich mal eben locker in das Studio. Und der Überfallene ist auch noch erfreut. »Hier auf diesem Monitor sind die Verkehrsnachrichten«, erklärt er und ich sehe, dass die A6 bei Kaiserslautern mal wieder komplett dicht ist. Auf dem Hauptscreen zählt die Zeit rückwärts bis zur folgenden Aktion, daneben wird die Gesamtzeit bis zum Werbeblock angezeigt, der vor jeder vollen und halben Stunde eingeblendet wird. Daniel startet einen Jingle, wirft *another dime in the jukebox* und schon strömt ein Popstück durch den Äther. Völlig gelassen demonstriert er, wie die Software über die Bildschirme und eine Ansammlung bunter Knöpfe (ein sogenanntes Pad) zu bedienen ist. Nebenbei erfahre ich, dass er seit über 20 Jahren Radio macht, mit Herz und Seele.

»Noch 40 Sekunden«, erkenne ich inzwischen routiniert, doch Roland Helms Finger weist beruhigend auf den Countdown. »Da ist noch genug Zeit, einen Kaffee zu holen. Du glaubst nicht, wie lang eine Minute sein kann.«

Sie vergeht jedoch wie im Flug, denn wir unterhalten uns prächtig. Dann zeigt Daniel Simarros Finger nach oben. Wir schweigen. Drei, zwei, eins. Er ist auf Sendung, draußen an der Tür leuchtet ein rotes DDR-Ampelmännchen. Daniel spricht ein paar Sätze und kündigt ein heißes Thema an, passend zum Sommer: den Versuch des griechischen Regierungschefs und des deutschen Finanzministers, am Telefon die Krise zu lösen. Direkt danach beginnt ein weiterer Song. Daniel sucht in den Wellenlinien

des Frequenzspektrums des nachfolgenden Liedes eine Stelle, die es ermöglicht, es nahezu übergangslos an das vorangehende anschließen zu lassen. »Das hat früher der Techniker gemacht, der im Nebenraum saß und die Bandmaschinen bediente. Wir haben uns per Handzeichen verständigt«, erinnert sich Roland Helm.

Daniel Simarro erklärt uns die Technik im Aufnahmestudio auf dem Halberg.

Heutzutage muss ein Moderator alles können. Auf einem Zettel notiert er die Sendezeiten der Beiträge. Ein Jingle wird eingeblendet, das den Zuhörern verrät, dass sie Testhörer sind und die von ihnen ausgewählte Musik gespielt wird. »Ah, das kenn ich«, glaube ich mich zu entsinnen. »Als ich um Viertel vor eins hierher gefahren bin, lief das auch schon.«

»Wie? Das kann nicht sein.«

»Doch!«, beharre ich.

Daniel klickt sich durch das Protokoll: »Hier: Um 11:46 Uhr wurde es gesendet, ich achte darauf, dass ich es nicht mehr als einmal in vier Stunden abspiele.«

Ich gebe mich geschlagen. Moderatoren sind in der gegenwärtigen Zeit eben auch Buchhalter und Archivare.

Lange verhinderte der Rundfunkstaatsvertrag die Einrichtung von privaten Radiostationen. Das war die große Zeit von RTL-Radio, das, seit ich denken kann, deutsches Programm von Luxemburg aus ausstrahlte. Dazu gesellte sich der eine oder andere Piratensender in Frankreich, der ebenfalls nach Deutschland funkte. Einer meiner früheren Kollegen war dort Tontechniker und sendete von 4:00 bis 8:00 Uhr morgens, dann kam er zur Arbeit. Mit dem Bruch des Monopols wurde am 31. Dezember 1989 Radio Salü geboren. Ich erinnere mich noch genau an den 1. Januar 1990. Hörer des neuen Senders riefen an und durften sich Titel wünschen, doch die DJs hatten anscheinend nur wenige CDs zur Verfügung und so versuchten sie immer wieder, die Hörerwünsche geschickt umzuleiten: »Hm, den Song haben wir erst letzte Stunde gespielt [dem war natürlich nicht so], wie wäre es stattdessen mit ...?« »Ja, der geht auch.« »Danke sehr und weiter anrufen.«

Es war eine Pionierleistung. Inzwischen ist dieser Sender voll etabliert und bietet ein breites Spektrum: von Musikmix über Classic Rock bis hin zum Wetter-Müller. Auch hier lautet die Devise: Lokales geht über Globales. Und das Lokale meint im Klartext das Saarland in seinen Grenzen von 1955; leider auch im Hinblick auf die Verkehrsnachrichten, die sich so gestalten, dass man wirklich glauben mag, es gebe außerhalb der Landesgrenzen kein menschliches Leben.

Radio ist etwas zum Anfassen geworden: Internetauftritte, Außenbesuche, Telefonanrufe, WhatsApp, E-Mail, Facebook und dies alles gleichzeitig. Da heißt es: Ruhe bewahren und den Überblick über die zwei Dutzend Monitore im Studio nicht verlieren. Streaming ins Internet, weltweit globales Publikum, auch im allerletzten Winkel Australiens und des Kongos ist es nun zu hören: SR1. Wozu dann noch 1422?

Wir Saarländer wissen, was Werden und Vergehen bedeutet. Das gilt nicht nur für das Radio.

Druckerschwärze und E-Ink

Aus der Flut der Informationen das herauszufiltern, was interessant ist – nicht zu viel, aber auch nicht zu wenig –, das ist eine Kunst. Wie man das macht, erfahre ich von einem der Lokalredakteure der *Saarbrücker Zeitung*, Ausgabe für das Köllertal und Püttlingen: Marco Reuther.

Doch zunächst zur Geschichte dieses Mediums, das muss sein.

Die SZ (nein, nicht die *Süddeutsche Zeitung*, sondern die einzig wahre SZ, also die aus Saarbrücken) ist alt, sehr alt. Am 24. Januar 1761 erschien die erste Ausgabe. Damals hieß sie noch *Allgemeines Wochenblatt* und wurde vom Hofdruckmeister Gottfried Hofer gedruckt. Die ersten Exemplare enthielten so spannende Lokalartikel wie »Es hat jemand dahier einige Wagen Dung zu verkaufen, weshalb bei dem Verleger nähere Nachricht zu bekommen ist« (17. März 1767).

Im Zeitungsmuseum in Wadgassen kann man ausgehend von den Anfängen der ersten Druckwerke bis hin zur modernen Zeitungsproduktion alles Wissenswerte über Historie, Herstellung und Verbreitung dieses Kommunikationsmittels erfahren. Die Sammlung in einem ehemaligen Kloster zeigt auf 500 Quadratmetern über 4000 Exponate, aufgeteilt in drei Kategorien: erstens die Geschichte der Zeitung von den Anfängen bis 1962. Warum ausgerechnet 1962? Na, wegen der Spiegelaffäre. Zweitens technikhistorische Aspekte der Zeitungsherstellung – dort kann man sehen, was für ein Aufwand früher betrieben wurde, um die Postillen zu drucken, und man erfährt auch, woher das Wort »Presse« tatsächlich stammt. Und drittens das Zeitungswesen in der Gegenwart.

Blista Blindenschreibmaschine, ausgestellt im Zeitungsmuseum in Wadgassen.

Unterschiedliche Ausstellungen zu verschiedenen Themen runden das Gesamtkonzept ab. Übrigens, wenn Sie ein Smartphone inklusive funktionsfähigem Bluetooth mitbringen, können Sie das Museum interaktiv erforschen – sofern Sie in der Lage sind, solch hypermoderne Technik zu bedienen, notfalls fragen Sie Ihre Kinder.

Manch Traditionelles ist erstaunlich lange erhalten geblieben und verliert auch heute nichts von seinem Reiz. So ist die folgende Rubrik immer noch in der aktuellen Ausgabe fast aller Zeitungen zu finden, gleich im Regionalteil auf Seite 2 am Wochenende: Not- bzw. Bereitschaftsdienste.

Am 11. März 1788 war es nicht anders:

> Es ist hier angekommen Jud Bunzel aus Prag, welcher die Hühneraugen ausnimmt ohne Schmerzen, auch ist er ein künstlicher Zahnarzt, in Zähne ausnehmen, Zähnebutzen, weiß zu machen in Zeit 4 Minuten, Zahnplumbieren, Zähne festmachen, die lotter sind, auch kann er falsche Zähne ein-

setzen, die so gut dienen wie natürliche Zähne. Er hat auch ein gut Mittel wider die wankenden Zähne, wovon der die Attestaten zeigen kann, und er schon Proben gethan hat. Er logiert im weißen Roß.

In jenen Tagen war das Weltgeschehen eher zweitrangig.

Während der Französischen Revolution wurde das Blatt zwischen 1793 und 1794 eingestellt und erschien anschließend als *Saarbrücker Wochenblatt*. Jedoch musste die Gazette auf Französisch gedruckt werden, die Besatzer wollten es so – verständlich, allerdings nicht für jeden Saarländer lesbar. So ging es für die SZ an der Saar förmlich den Bach runter.

Ab 1808 dann nannte sich das Blättchen *Saarbrücker Offizielles Intelligenzblatt*. Halt, bevor Sie lachen, »Intelligenz« kommt ja vom lateinischen *intelligentia* und dieses wiederum von *intellegere*, also *inter* (»zwischen«) und *legere* (»lesen«, »auswählen«); es bezeichnet damit ursprünglich die Fähig-

Das Zeitungsmuseum ist in dem schönen Abteihof Wadgassen untergebracht.

Im Zeitungsmuseum in Wadgassen gibt es auch einen nachgebildeten Zeitungskiosk.

keit, etwas aufgrund spezifischer Merkmale richtig einschätzen und -ordnen zu können. Bezogen auf das Zeitungswesen bedeutet dies, relevante Informationen auszuwählen. Also sammelte die Redaktion und wertete das aus, was in der Region so vorhanden war. 1828 betrug die Auflage 70 000 Exemplare.

Bereits 1848 druckte man drei Ausgaben pro Woche, im Sommer sogar eine am Tag, und nannte sich nun *Saarzeitung*. 1861 kam dann der endgültige Titel: *Saarbrücker Zeitung*.

Nach dem Ersten Weltkrieg sollte das Pressewesen im Saarland erneut französisch werden, doch wie üblich funktionierte das nicht und so blieb das Journal deutsch.

Während der Naziherrschaft dann …, ach, das können Sie sich doch denken.

Nach dem Zweiten Weltkrieg gelangte die Redaktion nebst Druckwerkzeugen in den Besitz der saarländischen Regierung und wurde 1969 an den Verleger Georg von Holtzbrinck weitergereicht. Der Rest verblieb in der Hand einer saarländischen Regierungsfirma, der »Gesellschaft für staatsbürgerliche Bildung Saar mbH« (GsB).

Schließlich verkaufte die Holtzbrinck-Gruppe das Unternehmen, sodass die Rheinische Post Mediengruppe nun die Mehrheit hält.

1993 war die SZ eines der ersten Printmedien mit eigenem Internetauftritt.

Auch das E-Paper wurde schon früh als Ergänzung zur gedruckten Auflage eingeführt.

Dass die Zeitung in Zeiten von Multimedia und Internet weiterhin Bestand hat, hängt eng mit der Behandlung regionaler Themen zusammen – weil man solche eben nur in regionalen Medien findet: Land und Leute, Termine und Veranstaltungen direkt vor der Tür. Was die saarländischen Leser interessiert, sind nicht nur Sensationen, Highlights und Krisen des Weltgeschehens. In der SZ wimmelt es nur so von Ankündigungen und Berichten zu Sommerfesten, Übungen des Technischen Hilfswerks, Feuerwehreinsätzen, Sportveranstaltungen, Amateurtheater- und Tanzaufführungen in den Schulen. Gewohnt neutral und sachlich wird aber auch über ernste Themen recherchiert und berichtet. Dafür sind in den einzelnen Regionen die Lokalredaktionen da.

Marco Reuther, den ich ja eingangs schon erwähnte, ist einer von jenen Redakteuren, die Seiten produzieren, welche nur Regionales enthalten, und damit einer der Verbindungsleute zu den Lesern.

Ich besuche ihn an einem ganz normalen Nachmittag in der Redaktion, wie wir das aus dem US-Fernsehen kennen – so stelle ich mir mir den Alltag dort jedenfalls vor: »Das Sportfest in Püttlingen, wer geht da hin? Du? Okay. Nimm ein Taxi oder, besser, den Hubschrauber. Was ist mit der Story über die Straßensperrung, da sollte man den Bürgermeister fragen. Das mache ich, ich nehme den Firmenjet.«

»So ist es ganz bestimmt nicht«, widerspricht Marco Reuther.

»Und wie dann?«, möchte ich wissen.

»Ein üblicher Arbeitstag in der Köllertaler Redaktion sieht eher so aus: Computer hochfahren, was schon recht lange dauern kann. Dann sichten, was am Vorabend oder am Morgen an Bildern von den Fotografen und an Texten von den freien Mitarbeitern eingegangen ist. Ohne die Hilfe unserer freien Mitarbeiter könnten wir viele Termine gar nicht besetzen. Da wir Redakteure die Seiten produzieren, sind wir oft ans Büro gebunden.

Schnell noch ein erster Blick auf die E-Mails – das werden auch von Tag zu Tag mehr und mittlerweile ist über die Hälfte ›Datenmüll‹ von Leuten, die Presse- und Werbe-Mails auch aus dem ›Reich‹ ohne Sinn und Verstand streuen, da besteht so langsam Erstickungsgefahr. Obwohl ... Falls noch mal eine Einladung zu einem Pressegespräch im Berliner Hotel Kempinski kommt, könnte ich ja mal die Chefredaktion um Spesen bitten.

Dann nachschauen, welche Seiten für den folgenden Tag zu bearbeiten sind – der Platz, der zur Verfügung steht, ist nicht immer gleich, was auch mit dem Anzeigenaufkommen zu tun hat. Die grobe Planung geschieht vor, die Feinplanung während der Produktion: Was wird der Aufmacher? Nehmen wir dazu ein Foto? Welche Berichte sollten für den nächsten Tag mitgehen, welche müssen zurückgestellt werden?

Für die Redaktionskonferenz in Saarbrücken werden in drei Sätzen die wichtigsten Themen benannt, eventuell wird dann später von den Kollegen noch eine Meldung für die Gesamtausgabe ›bestellt‹.

Presse- und Polizeimeldungen werden bearbeitet und für den zur Verfügung stehenden Platz ›passend gemacht‹. Oft müssen noch Informationen nachrecherchiert werden. Zwischendurch werden Termine für die kommenden Tage ausgewählt und an die freien Mitarbeiter und Fotografen vergeben, für manches wird auch mal eine Grafik in Auftrag gegeben. Und dann wird auch noch für eigene Artikel recherchiert – oft per Telefon. Zwischendrin wird auch immer mal was geändert – es kann durchaus passieren, dass der Aufmacher wieder fliegt, weil eine andere Story Vorrang bekommen hat. Zeitweilig stehen auch Leser oder Vereinsmitglieder in der Redaktion, um ein Thema anzuregen – oder um sich zu beschweren. So entstehen nach und nach die Seiten für den kommenden Tag. Was vergessen? Ach ja ... mittags geht's raus, um das Essen zu jagen, manchmal auch zu Willis Currywurst oder ins kleine Esszimmer – und ab und an muss der Koffein-Spiegel angehoben werden.«

Was früher unendliche Prozesse und Arbeitsschritte notwendig gemacht hat, geht heute mit Tastatur, Bildschirm und Datentransfer.

»Ist da die Gefahr von Fehlern nicht groß?«, frage ich nach.

»Na ja, einiges rutscht immer durch, so die Schlagzeile im Sommer 2015, als berichtet wurde, dass die Ministerien mit kostenlosem Mineralwasser versorgt wurden, die Polizeistationen aber nicht. Titel: ›Im Ministerium befinden sich mehr Flaschen als bei der Polizei‹. Nun, das passiert halt, ist aber sehr selten, wer sucht, findet stets was.«

»Was war Ihre persönliche Lieblingsschlagzeile?«

»›Der versteinerte Kot war ein gefundenes Fressen für die Forscher‹.«

Oh ja, das ist böse. Das muss ich gleich Dr. Andreas Braun im Prähistorium erzählen.

»Einmal hatten wir vor einiger Zeit diesen netten Fehler bei der telefonischen Anzeigenannahme einer Traueranzeige: Es sollte heißen ›Wir sind froh, dass wir dich lange hatten‹. Zu lesen war allerdings: ›Wir sind froh, dass wir die Schlange hatten.‹ Im Grunde sind wir aber sehr exakt und vorsichtig.«

Die Standardthemen der Redaktion bilden Polizeiberichte. Zahlreiche Artikel und Infos sind dadurch ganz einfach vorgegeben. Dazu gehören auch Ratssitzungen, Ankündigungen von kulturellen Ereignissen und Vereinsfesten etc.

»Klar berichten wir auch gerne über ›das Besondere‹, etwa Bauprojekte, kontroverse Debatten oder Menschen aus der Region, die etwas Ungewöhnliches machen, und da gibt es immer Interessantes. Leider wachsen diese Themen aber nicht auf den Bäumen.«

Bis zum Abend muss die Seite stehen, wird dann in Sekundenschnelle am Computer ins Druckhaus übermittelt, gedruckt und am frühen Morgen ausgetragen.

»Die Leser wollen halt wissen, wieso die Feuerwehr ausgerückt war, warum die Landstraße gesperrt wurde, wie schwer der Unfall war und weshalb ein Spielplatz geschlossen werden musste.«

Das habe ich bisher so nicht gesehen, aber tatsächlich warte ich wirklich selbst auch auf haargenau solche Meldungen. Was war denn da gestern los auf dem Hixberg? Schon kann ich es lesen: »Bus ausgebrannt, niemand kam zu Schaden.« Gott sei Dank.

Literatur im Saarland

Die saarländischen Printerzeugnisse beschränken sich natürlich nicht auf das Pressewesen. Auch die Buchproduktion hier wäre einer gesonderten Betrachtung wert. Es gibt zahlreiche saarländische Autorinnen und Autoren, deren Werke über unsere Landesgrenzen hinweg sehr beachtenswert sind. Elke Schwab habe ich ja bereits mehrfach erwähnt, doch mit ihr ist unser Repetoire an hochkarätigen Vertretern der schreibenden Zunft noch lange nicht ausgeschöpft. Das Saarland ist zweifellos ein Krimiland. Klein und fein sind dabei Auswahl und Auflagen. U. a. hat »Saarland:Krimiland« spannende Kurzkrimis zu saarländischen Orten und Themen herausgebracht (Ulrich Burger Verlag, Homburg). Hier lernen Sie die Orte einmal von der mörderischen Seite kennen. Lassen Sie sich überraschen. Außerdem beschreiben Autoren, von denen ich außer Elke Schwab gerne auch Klaus Brabänder, Christian Bauer, Angelika Lauriel und Heinz Dräger als Beispiele nennen möchte, in ihren »Langkrimis« das Landesgeschehen genauer.

Historisches nett verpackt hat Marco Reuther – ja, genau, *der* Marco Reuther, der uns eben noch anschaulich den Alltag eines Lokalredakteurs erläutert hat – in seinem ersten Saarland-Fantasy-Jugend- (und Erwachsenen-)Roman *Der Lemmes*, ebenfalls erschienen im Ulrich Burger Verlag. Der grandiose Karikaturist Christophe Tupinier aus dem nahen Frankreich hat dem *Lemmes* zeichnerisch Leben eingehaucht. Unbedingt empfehlenswert. Hier wird die Geschichte des Saarlands und einzelner Regionen aus den Augen der jugendlichen Protagonisten auf einer abenteuerlichen Jagd erzählt. Ganz nebenbei erfährt man, wieso manch einer »vom Lemmes gepickt« wurde.

Wer etwas über die Sagenwelt unserer Region erfahren möchte, dem empfehle ich das hier bereits mehrfach erwähnte Buch *Die Sagen der Saar* von Karl Lohmeyer, inzwischen in neuem Gewand und als Neuauflage 2012 im Saarbrücker Geistkirch Verlag erschienen.

Sie sehen also, es gibt noch viel mehr zu lesen. Stöbern Sie in den Buchhandlungen, Sie werden so manch positive Überraschung erleben.

Schwenker, Schwenker und ... Schwenker

Savoir-vivre an der Saar oder die Kunst des Kochens

Wenn der Saarländer das Wort »Schwenker« in den Mund nimmt, kann er dreierlei damit meinen: zunächst einen dreibeinigen Grill, der übermannshoch in nahezu jedem Garten zu finden ist (»Ei, wo iss denn de Schwenker?«). Hypermoderne einarmige Schwenkgestelle zum Drehen sind teilweise auch anzutreffen, bergen aber erhebliche Kipprisiken, wenn der Rost überbelegt ist, was regelmäßig der Fall ist. Einen ganz besonderen Saarschwenker gibt es hier: http://www.saargudd.de/schwenker-und-geschenke/saarschwenker.

Man meint mit »Schwenker« aber auch das Grillgut an sich (»Ei, wie ist dann de Schwenker?«). Und schließlich auch noch denjenigen, der auf dem Schwenker den Schwenker schwenkt (»Ei, wer ist denn der Schwenker?« – Letzteres sollte nicht verwechselt werden mit der Frage: »Ei, wer isst denn alles Schwenker?«).

Um die Entstehungsgeschichte des Schwenkens gibt es viele Gerüchte und so mancher schreibt es sich auf die lokalpatriotische Fahne, selbst der Urheber dieser exquisiten Grillkultur zu sein. So kann man beispielsweise bei Wikipedia unter dem Stichwort »Schwenkbraten« deftige Auseinandersetzungen auf der Diskussionsseite verfolgen.

Eine unumstößliche Tatsache ist aber die, dass mein Vater höchstpersönlich einen Schwenkgrill nebst dem dazugehörigen Fleisch nach Dortmund als Geschenk zu einer Silberhochzeit brachte und zwei Jahre danach in der dortigen Lokalzeitung zu lesen stand, dass das Schwenken seinen Siegeszug um die Welt zweifelsohne aus einer kleinen Arbeitersiedlung in Dortmund angetreten habe.

Nun, damit können wir leben: »Hauptsach gudd gess«, wie wir bekanntlich sagen.

»Worschd« wird bei uns auch geschwenkt.

Unzweifelhaft ist innerhalb kurzer Zeit die Kunst des Schwenkens von uns aus in die ganze Welt exportiert worden, auch in die USA – »Schwenkbraten« ist ein fester Begriff im Englischen geworden (Aussprache: »Swänkbrohaden«).

So habe ich in Detroit auf dem Schild eines »Original German Restaurant« gelesen, dass es zum »Traditional Octoberfest« mit »Umpapa Music« auch »The best German Schwenkbraten« gebe. Leider kam ich nicht in den Genuss desselben, da das Oktoberfest nicht an dem Tage stattfand, als ich dort war, sondern erst eine Woche später, im April ...

Aber hauptsächlich wird natürlich bei uns selbst geschwenkt. Die ehemaligen Kumpel und ihre Kollegen aus den Eisenschmelzanlagen lassen es sich auch heute als Rentner nicht nehmen, wenigstens einmal die Woche in ihrem Garten zu schwenken.

Über öffentliche Schwenkmöglichkeiten geben die Grünämter telefonisch Auskunft, dort kann man gemütliche Schwenkhütten buchen.

Schwenken geht zurück auf ... ja, worauf eigentlich? Als Kind war es bei uns der Spießbraten, ein rund gewickelter Fleischklops, so eine Art waagerechter Döner Kebab. Stundenlang mussten wir drehen, haben uns abgewechselt und immer eine feine Fettsoße darauf gepinselt, damit er auch saftig bliebe. Meist haben wir sonntagmorgens um 9:00 Uhr damit angefangen, denn: »Um zwölf gebbt gess!«.

Irgendwann in meiner Jugend hatten wir dann ein Dreigestell im Garten stehen, daran hing an einer Kette ein Grillrost und darunter züngelte ein Holzkohlefeuer. Und von da an gab es »Schwenkbrohde!«.

Und was wird nun eigentlich geschwenkt? Traditionell Schweinefleisch aus dem Nacken, das 24 Stunden lang in einer Marinade aus verschiedenen geheimen Gewürzen gelegen hat. Ohne Senf geht dabei gar nichts. Jeder Schwenkmeister hütet sein Rezept, es wird nur von Schwenkmeistermund zu Schwenkmeisterohr weitergereicht – ganz nach alter keltischer Druidentradition. Einige wagen es dennoch und schreiben sogar Rezeptbücher, welch ein Frevel. Ein Geheimnis besteht darin – pst, nicht verraten! –, Malzbier in die Marinade zu geben, das verleiht dem Fleisch eine besondere Zartheit.

Nicht vergessen darf man Zwiebeln. Knoblauch muss nicht sein, darf aber. Die Marinade wird mit handelsüblichem Speiseöl angemacht, nicht mit Olivenöl. Obwohl ... man könnte auch das mal ausprobieren. Pfeffer, Lorbeer, Thymian, Basilikum, Paprika ganz oder gemahlen, Bier – solcherart Zutaten gehören in die Tunke, je nach Gusto. Sie können Ihrer Fantasie da freien Lauf lassen. Beim Schwenken selbst wird dann das tropfnasse Fleischstück aufgelegt. Das Feuer sollte man vorher zur Glut gebracht haben.

Das Schöne dabei ist, dass man den Grill einmal anstößt und dann zwei Hände frei hat, z. B. um mit einem Grillpartner und seiner Bierflasche anzustoßen. Man unterhält sich mit Nachbarn, Freunden, Verwandten und gänzlich Fremden. In der Zwischenzeit kann man alles schwenken, was einem so einfällt, denn mittlerweile kommt bei uns außer dem traditionellen Schweinenackensteak auch alles mögliche andere auf den Rost: Hähnchenbeine, Auberginen, Putenschnitzel, Rindersteaks, Pferdefleisch, Kartoffeln, Würste, Tofu, Maiskolben und sogar Kastanien.

Zum Schluss wird eine gesunde Portion Gerstensaft über den Rost mit all seinen schmackhaften Schwenkereien geschüttet. Auch das ist Tradition.

Der ultimative Saarlandschwenkgrill, im Saarland hergestellt und in Handarbeit gefertigt – saarländischer geht es nicht. Bezugsadresse siehe Seite 260.

Zünftig werden Kartoffelsalat, Tomaten mit Käse sowie grüner Salat gereicht. Aber auch Nudel- und Schichtsalat oder kalte Bratkartoffeln. Ein Grundsatz der Schwenkmahlzeit lautet: Nur das Grillgut wird warm gegessen, der Rest auf dem Teller ist kalt. Lediglich das Baguette mit Kräuterbutter darf heiß sein. Wir nennen das »Flitt«, von *flûte*, dem französischen Wort für »Flöte«, was im Nachbarland als eine bestimmte (schmalere) Form des Baguettes bekannt ist und in den USA als *Parisienne* bezeichnet wird. Wie auch immer, bei uns ist es »Flitt«. In der gehobenen Gastronomie sagen wir dazu Kräuterbaguette. Oder noch vornehmer: Meggle küsst Weißbrot.

Deftige Soßen runden das Schlemmermahl ab.

Im Saarland ist das Schwenken die häufigste Art des Grillens und des Beisammenseins, bis spät in die Nacht.

Dibbelappes

Auch wenn der Schwenkbraten sozusagen unser Nationalgericht ist, gibt es da noch ein weiteres, das uns das Wasser im Mund zusammenlaufen lässt: der Dibbelappes.

Aus dem Topf (der »Dibbe«) kommt eine undefinierbare Masse (der »Lappes«). Wir benutzen das letztere Wort im Übrigen auch gern, um gewaltige Dinge zu beschreiben, z. B. groß geratene Jungs, die ihre Väter um Kopfeshöhe überragen: »Mein Gott, was e Lappes.«

Der Dibbelappes war früher ein einfaches Essen, das es meist an Freitagen gab, weil man bei uns dann kein Fleisch aß.

> *Zutaten für 4–6 Personen (je nach Appetit):*
> *Ca. 2 Kilogramm rohe, geschälte Kartoffeln*
> *2 Eier*
> *2 Stangen Lauch (oder viele Karotten)*
> *Salz und Pfeffer*
>
> *Zubereitung:*
> *Die Kartoffeln werden fein geraspelt und dann, ganz traditionell, in einem Geschirrtuch fest ausgedrückt. Die entstehende Masse (der Lappes) wird mit den Eiern vermengt und das Ganze fein ab-*

> geschmeckt. Salz und Pfeffer genügen, es darf davon aber ruhig etwas mehr sein. Den Lauch bzw. die Karotten werden dazu in einer Pfanne angebraten und dann zur Masse gegeben. Alles zusammen wird anschließend in einem Bräter oder einer Auflaufform bei 200° C etwa 2 Stunden lang gegart.

Dibbelappes.

Speziell wurden bei uns dazu kleine Würfel von geröstetem Toastbrot gereicht, die so herrlich zwischen den Zähnen knirschten, daher nennen wir sie »Kirschdsche« – das ist also so eine Art saarländische Variante von Croûtons.

Als das Freitagsverbot für Fleischspeisen fiel, wurde die offizielle Version dieses Schmauses sofort noch um Dörrfleisch, also Speck, erweitert. Dieser wird extra knusprig gebraten, zum Lappes gegeben und zusammen mit diesem im Ofen nochmals durchgebraten.

Zum Dibbelappes passt ein Bierchen oder auch – als Abschluss – ein »Quetsch«. Wohl bekommt's.

Lyoner

Für die einen beinhaltet sie vermeintlich das, was der Metzgermeister nach dem Tagesgeschäft vom Boden aufwischt, für andere ist es die allerbeste Wurst der Welt: die Lyoner Fleischwurst. Die Wahrheit liegt, wie so oft, irgendwo dazwischen.

Keine andere Wurstspezialität hat den Saarländer mehr geprägt: roh, gekocht, gebraten, gegrillt ... egal, Lyoner schmeckt einfach immer gut, ist überall zu haben und auch verhältnismäßig preiswert.

Es gibt eigens Lyonerfeste, Lyonerpfannen, Lyoner als Adventskränze (wirklich wahr, zusammen mit vier Flaschen Maggi), Lyoner-Kochbücher. Kein Grillfest ohne geschwenkte Lyonerwurst. Kaum eine Metzgerei kann ohne sie, alle Fleischer haben eigene Rezepte, mal rauchig, mal sanft, mal scharf. Der Namensschutz lief 2015 aus und damit war es vorbei mit der Lyoner, die eigentlich nichts mit der Stadt Lyon zu tun hat. Angeblich hat ein Lyoner Metzger diese Spezialität zu uns gebracht und eine Art Castingshow nach dem Motto »Wer macht die beste Worschd?« gewonnen. Inzwischen aber hat die Landesregierung eingegriffen und den Namen erneut schützen lassen. Es geht also weiter mit der Lyoner (oder »dem« Lyoner: Im Saarland verwendet man den männlichen Artikel). Da ich längere Zeit in Lyon gearbeitet habe, suchte ich diese Delikatesse dort vergeblich. Die dortigen wurstigen Leckerbissen sind auch schmackhaft. Allerdings kommen sie an unseren waschechten Lyoner nicht heran.

»Krombeere« in allen Varianten: noch mehr Traditionelles aus *Kartoffeln*

Leider nehmen die anderen saarländischen Spezialitäten immer mehr ab. In kaum einer Familie gibt es noch »Krombeerkieschelscher« – das Wort »Kartoffelpuffer« setzt sich stattdessen auch bei uns mehr und mehr durch. Auch »Hoorische« oder »Gefillde Knepp« verschwinden immer mehr und mehr vom Teller: Diese gefüllten Kartoffelklöße aus rohen und gekochten Kartoffeln mit leckerer Hackfleischfüllung oder grober Leberwurst finden eher in der Pfalz noch eine gewisse Verbreitung, auch wenn die Fans auf

Lewwerknepp mit Garnitur.

saarländischer Seite sie auch immer gerne zu sich nehmen. Sie werden als Besonderheit zu bestimmten Festen gekocht und dann mit einer Specksauce serviert.

Kosten Sie auch den Bettseicher Salat, einen ebenfalls mit Speck angemachten Löwenzahnsalat, oder die Bibbelsches Bohnesupp. Auf keinem Volksfest kommen Sie um unsere berühmte Lyonerpfanne herum oder die Erbsesupp aus der Suppenkanone, die beispielsweise zum Vatertag auf vielen Festchen gereicht wird. Lewwerknepp und Spießbrode dagegen sind noch in zahlreichen Wirtshäusern zu haben. Was das ist, müssen Sie schon selbst herausfinden.

Welche saarländische Spezialität Sie auch immer probieren, Sie werden nicht enttäuscht sein. Um den allgegenwärtigen Schwenker kommen Sie allerdings kaum herum, wenn Sie unsere wahre Esskultur kennenlernen möchten. Aber dieses Geschmacks- und ggf. Gesellschaftserlebnis werden Sie dann auch nicht so schnell wieder vergessen.

Gaukler, Zauber und Malerei

Kleinkunst, Festivals, Theater und Feste

Wer denkt, das Saarland habe kulturell wenig zu bieten, irrt sich gewaltig. Die Kinolandschaft hier ist vielfältig und Kleinkunstveranstaltungen sind an der Tagesordnung. Irgendwo ist immer irgendwas los.

Das Saarländische Staatstheater ist nach eigenen Angaben mit fast 80 Prozent Abonnenten das mit am besten ausgebuchteste Theater Deutschlands. Immerhin bietet sein Hauptstandort, das Große Haus, 875 Plätze. Dennoch birgt es gewisse Risiken, noch mal eben Tickets an den Abendkassen ergattern zu wollen. Am Schillerplatz 2 erhält man tagsüber Eintrittskarten für das äußerst bunte Programm aus den Bereichen Oper, Schauspiel und Ballett. 1937/38 wurde das Gebäude nach den Entwürfen von Paul Otto August Baumgarten im neoklassizistischen Stil erbaut. Es sollte tatsächlich als »Bollwerk« gegen Frankreich dienen. Die Machthaber des Dritten Reichs schenkten es offiziell dem Saarland als Dank für das Abstimmungsergebnis im Jahr 1935. Wie wir wissen, hatten sich die Saarländer für eine Angliederung an das Deutsche Reich entschieden. Dummerweise musste ein Großteil des Baus dann doch von der Stadt Saarbrücken finanziert werden.

Im Inneren verfügt er über modernste Bühnentechnik und die kann man an manchen Sonntagen besichtigen. Auskunft erteilt das Theater auf seiner Internetseite (siehe Webadresse auf Seite 260). Ebenfalls zum Staatstheater gehört seit den 1980er Jahren die alte Feuerwache mit 240 Plätzen, in der hauptsächlich Schauspiel-, aber auch Ballettaufführungen stattfinden; und, als jüngste und kleinste Spielstätte, seit 2006 die Sparte4 – ein Kultort für feine Konzerte, Lesungen etc. im direkten Kontakt mit den Künstlern und mit der Möglichkeit zu einem anschließenden Umtrunk an der dortigen Bar. Also Kultur zum Anfassen. Womit wir gleich beim nächsten Thema wären.

Das Saarländische Staatstheater in der Abenddämmerung.

Kleinkunst

Nicht nur in Saarbrücken gibt es Veranstaltungen der besonderen Art, so z. B. auch in Mettlach in der Bahnhofstraße 31. Hier befindet sich das Hotel Saarpark. Der aus Luxemburg stammende Carlo Quintus schafft es stets aufs Neue, über die Herbst- und Wintermonate Kleinkunst auf die Hotelbühne in »de Keller« einzuladen und wartet dort jeden Freitagabend mit einem bunten Bühnenprogramm auf. Auch ich genieße ab und an die einzigartige Wohnzimmeratmosphäre bei Lesungen oder guter Musik. Manche Blueskonzerte dauern bis zwei Uhr morgens und darüber hinaus, weil das Publikum die Band nicht ohne immer weitere Zugaben von der Bühne gehen lässt. Informieren Sie sich im Internet nach dem Programm (siehe Webadresse auf Seite 260). In der Regel gibt es eine Hutsammlung, der Eintritt ist also frei und die Getränke haben absolut zivile Preise.

Vorher gilt es, eine Stärkung im Hotelrestaurant zu sich zu nehmen, die Nacht wird lang. Und wenn sie gar zu lang wird, ist es praktisch, dass dieses Theater gleich Zimmer zum Übernachten anbietet.

Die FaRK

Das Zukunftsspektakel schlechthin findet in der ehemaligen Grube Reden statt: Rollenspiele, in andere Leben schlüpfen, dem Einheitsbrei des täglichen Allerleis entkommen, ein Held sein.

So oder so ähnlich ist es, wenn man auf dem Fantasie- und Rollenspielkonvent »FaRK« zu Gast ist. (Man beachte die Schreibweise von »Fantasie«! Ganz deutsch, ohne «y«.). Steampunk und Science Fiction, zurück in die Zukunft mit Dampf und allerlei rostigen Getrieben. Es knirscht und kracht, wummert und hüpft auf dem einstmaligen Gelände des Bergwerks Reden, gleich neben dem Prähistorium.

Commander Benjamin Kien organisiert mit seinem Team eines der größten Fantasy- (hier nun doch mal mit »y«) und Rollenspielevents der Gegenwart. Die Einnahmen und Gewinne sind für einen guten Zweck bestimmt.

Übrigens, wenn Sie vorhaben, dort mal vorbei zuschauen: Verkleidung ist Pflicht. Und sei es nur in Opas altem Smoking mit Zylinder. Spannend und lustig ist es allemal.

Im Internet finden Sie genaue Zeiten, Eintrittspreise und exakte Zielkoordinaten für Ihr Raumschiff; diese liegen in der Regel in den halbverfallenen Industrieanlagen der ehemaligen Grube Reden. Diese höchst aufwändig gewarteten Trümmerteile bieten einen einmaligen Background für diese total verrückte Messe.

Auf in eine Zukunft, die uns weit zurückwirft. Endzeitszenarien inklusive.

Ein magischer Ort: der Drachenwinkel

Nahe bei Dillingen liegt ein beschauliches Dorf mit Namen Diefflen, richtig, mit »ie« und »Doppel-F«, so sind wir Saarländer. Gleich am Marktplatz befindet sich ein geheimnisvoller Ort, den viele große deutsche Autoren ansteuern, um dort aus ihren Werken vorzulesen, ob Kerstin Gier, Wolfgang Hohlbein, Deana Zinßmeister, Markus Heitz oder Kai Meyer. Sie kommen regelmäßig. Nahezu jeden Freitagabend im Herbst/Winter veranstalten Karsten Wolter und sein Drachenwinkelteam Lesungen. Oft sind bis zu hundert Zuhörer anwesend. Dieser kleine Laden ist ein offener Geheimtipp. Er hat nicht nur Bücher, sondern darüber hinaus viel Skurriles und Zauberhaftes zu bieten, auch für Kinder. Neben ausgesuchten Holzspielzeugen finden sich hier die perfekten Outfits für Gothic-Fans. Aus der ganzen Republik und dem Ausland strömen sie hierher. Ich stöbere oft in den wunderbaren Sachen, unter denen ich meist etwas Außergewöhnliches entdecke. Zu meinem Leidwesen akzeptieren sie dort Mastercard.

Karsten Wolter betreibt diesen Wunderladen gemeinsam mit seiner Frau Diana, gefühlt seit ewigen Zeiten. Dabei hat er erst im Jahr 2011 seine Pforten geöffnet. Doch seitdem ist dieser besondere Buchladen eine feste Institution in Saarland. Unter den Autoren ist er so beliebt, dass einige von ihnen ihm eine fantastische Kurzgeschichtensammlung gewidmet haben: *Geschichten aus dem Drachenwinkel*. Welche Buchhandlung kann das schon von sich behaupten?

»Wieso im Saarland, weshalb ausgerechnet hier, so ›versteckt‹?«, frage ich und erhalte als Antwort nur ein Achselzucken.

»Warum? Sieh dich doch um!« Damit lässt der illustre Buchhändler mich allein und begrüßt weitere Stammzuhörer mit einer Umarmung. »Schön, dich wiederzusehen«, sagt er und ich weiß, er meint es ernst.

Ich komme kaum zum Luftholen, denn da stehen noch weitere Leute herum, die ich gut kenne. Hier trifft man sich unter Freunden.

Hatte ich schon erwähnt, dass dies ein zauberhafter, ein magischer Ort ist?

Festivals und Dorffeste

Das Saarland hat, auf die Zahl der Einwohner und Gemeinden bezogen, die meisten Dorffeste in der Bundesrepublik zu bieten. Im Sommer finden Sie dort eine Unmenge an Genussständen und Trinkbuden, praktisch um die Ecke, schauen Sie sich nur um. Rund um Kirchen und Marktplätze sind Stände aufgebaut und die Dorfvereine bieten Speis und Trank, Bier, Schwenkbraten und Elsässer Pilzpfanne (sehr zu empfehlen, eine Art lokale Paella ohne Meeresfrüchte). Hierhin zieht es die ausgewanderten Saarländer, um einmal im Jahr ihre »Hinterbliebenen« zu besuchen. Dabei geht es meist hoch her.

So etwa bei der Saarlouiser Emmes, die traditionsgemäß im Juni stattfindet und gemeinhin als eines der größten Volksfeste im Südwesten und als Höhepunkt der Saarlouiser Woche gilt, einer Festwoche mit Stadtteilfesten, verschiedenen Ausstellungen, Präsentationen der verschiedenen Hilfsdienste etc.

Neuerdings informiert eine App (erhältlich in allen App-Stores) über Bühnenprogramme und Notfallpläne. An den drei Emmestagen – Donnerstag, Freitag und Samstag des ersten Juniwochenendes – vibriert die ganze Stadt: Auf dem Markplatz und überall in der gesamten Innenstadt gibt es Livemusik und Getränkebuden; den Abschluss der Emmes bildet ein großes Musikfeuerwerk.

In Saarbrücken ist die große Kirmeszeit im Mai und im Oktober: Dann wird auf dem Festplatz an den Saarterrassen, auf dem auch die großen Zirkusvorstellungen stattfinden, ordentlich gefeiert. Es lohnt sich immer, die entsprechenden Veranstaltungsprogramme zu studieren. Im Frühjahr kreiselt und rauscht es hier nahezu drei Wochen lang von April bis in den Mai hinein. Achten Sie auf die Familientage, an denen alle Fahrgeschäfte verbilligte Preise offerieren. Das traditionelle Oktoberfest beginnt bereits im September und mitunter reicht es gar nicht mehr bis in den Oktober hinein ... nun denn.

Beim Altstadtfest in Saarbrücken »brennt die Luft«.

Aber im Sommer ist dann Hauptsaison in der Landeshauptstadt. Das Saarbrücker Altstadtfest zieht Tausende von Gästen an, meist findet es im Juli statt und dann ist rund um das Theater am Saarufer einiges los. Zahlreiche Bands musizieren, Gaukler und Händler bieten ihre Waren feil. Vor allem aber gilt es zu schlemmen und zu genießen. Alles, was die Region auszeichnet, findet man hier. Einer der Höhepunkte ist das Drachenbootrennen auf der Saar.

Um den 15. August herum (Mariä Himmelfahrt ist bei uns ein Feiertag) finden die Phantasie- und Mittelaltertage im Deutsch-Französischen Garten statt. Hier muss man Eintritt zahlen, aber dafür wird auch ein wirklich tolles Programm geboten. Wo dürfen sich die lieben Kleinen schon mit Orks messen? Hier! Die Musikbands sind ausgesucht und große Klasse.

Ende August findet dann das kleinere, aber gemütlichere Nauwieser Fest statt: Im derzeit angesagten Szeneviertel Saarbrü-

Impressionen vom Nauwieser Fest.

ckens wird geschlemmt und den zahlreichen Lifebands gelauscht – gute Stimmung ist hier garantiert.

Einen guten Überblick über die saarländischen Feste – von Bexbach über Ottweiler bis Wadern – findet man auf der im Anhang angegebenen Website (siehe Seite 260).

Kultur und Kunst

Kultur hautnah erleben kann man im Kunst- und Kultur-Café im Kunstzentrum Bosener Mühle am Bostalsee: Es lädt dazu ein, sich zu bilden, sich zu erholen oder auch einfach die Atmosphäre und die dort gezeigte Kunst zu genießen. Im Kunstzentrum kann man sich bei rechtzeitiger Buchung auch einmieten. Und das Programm bietet das ganze Jahr über für jeden etwas. Dieses Kunstzentrum ist der deklarierte »Lieblingsort« des Künstlerehepaars

Kunst in der Modernen Galerie des Saarlandmuseums, links die Skuptur »Große Gaia«, rechts das Gemälde »Zwei Schafe« von Franz Marc.

Inge Noell und Edgar Helmut Neumann, das oft am Bostalsee zum Schreiben und Malen weilt. Doch künstlerisch hat das Saarland natürlich noch viel mehr zu bieten. Die beiden genannten Künstler empfehlen Kunstinteressierten auch noch folgende Adressen:

- *Saarländisches Künstlerhaus, Karlstraße 1, Saarbrücken*
- *Kuba – Kulturzentrum am Europabahnhof, Europaallee 26, Saarbrücken*
- *Galerie der HBKsaar, Keplerstraße 5, Saarbrücken*
- *Museum Haus Ludwig, Kaiser-Wilhelm-Straße 2, Saarlouis*
- *Mia-Münster-Haus, Wilhelmstraße 11, St. Wendel*
- *Museum Schloss Fellenberg, Torstraße 45A, Merzig*
- *Galerie am Staden, Bismarckstraße 62, Saarbrücken*
- *Moderne Galerie des Saarlandmuseums, Bismarckstraße 11–15, Saarbrücken*

Reisen im Saarland

Praktisches und Nützliches für unterwegs

Reisen mit Kindern

Eines vorweg. Sie können mir als Vater von drei Kids glauben, dass alle hier beschriebenen Orte problemlos mit Sprösslingen jeden Alters besucht werden können. Zu allen Attraktionen führen Wege, die auch mit einem Kinderwagen zugänglich sind. Wo das nicht der Fall ist, habe ich das vermerkt (so z. B. bei der Völklinger Hütte – Aufstieg zur Gichtbühne – oder bei bestimmten Premiumwanderwegen).

Kinder entdecken gerne Neues, rennen herum und stöbern Dinge auf, die wir Erziehungsberechtigte leider aus den Augen verloren oder bewusst verdrängt haben. Bei uns im Ländle droht kaum Gefahr, dass die kleinen Naturforscher dabei verloren gehen.

In manchen Ecken finden sich gut gewartete Spielplätze, auf denen sich Mütter und Väter tummeln, die ihrem Nachwuchs beim Herumtoben zusehen. Die Gemeinden haben zwar wenige, aber dafür in der Regel gut erhaltene Spielstätten. Wenn Sie Anschluss suchen, sind Sie am Staden (also dem Saarufer) in Saarbrücken ab der alten Brücke Richtung »Ostspange« gut aufgehoben. Saarländer sind aufgeschlossen und rasch bilden sich neue Bekanntschaften, die meist von langer Dauer sind.

Treffen Sie auf meine Landsleute im Ausland (etwa in Bayern oder Berlin) und haben Sie erst einmal mit ihnen Kontakt geknüpft, dann ist der Satz »Ei komme uns doch emol besuche!« ernst zu nehmen. Nehmen Sie sie ruhig beim Wort und nutzen Sie die Chance.

Ausgewählte Touren für motorisierte Saarlandentdecker

Wer mit dem Auto oder Motorrad unterwegs ist, um unser Ländchen kennenzulernen, dem empfehle ich beispielsweise die Industrieroute auf der B51. Wir starten in Saarbrücken und fahren nach

Die Dillinger Hütte – ein Muss für jeden, der die Industrieroute wählt.

Die Industrieroute führt auch durch so pittoreske Orte wie Mettlach – hier zu sehen die St. Lutwinus-Kirche und ...

Völklingen, hier finden wir typische große Industrieanlagen auf der linken Seite, wie etwa das Kohlekraftwerk. In Völklingen selbst dann passieren wir das Weltkulturerbe Völklinger Hütte (von der Brücke aus links gut zu sehen) und neuere, noch aktive Produktionsstätten der Saarstahl AG. Nach Völklingen geht es durch eine schöne Waldstrecke an der Saar entlang nach Bous. Typische Hüttensiedlungen stehen rechts und links der Straße. Hier heißt die B51 Bismarckstraße. In Ensdorf dampft ein weiteres Kohlekraftwerk. Wir folgen der Straße und sind direkt am Ufer der Saar, bevor wir das Industriegebiet in Fraulautern passieren. In Dillingen dann kommen wir dem produzierenden Stahlwerk ganz nah. Hier lohnt es sich, einen Parkplatz zu suchen und den endlosen Stahlabstich zu bestaunen, der im Innern der kolossalen Anlage sieben Tage die Woche vierundzwanzig Stunden am Tag wie

... das Verwaltungsgebäude des weltbekannten Unternehmens Villeroy & Boch.

glühende Lava aus dem Hochofen quillt. Hierzu ein Tipp: Fahren Sie einmal nachts, wenn es dunkel ist, nach Dillligen. Unter den gewaltigen Türmen des Dillinger Eisenwerks ist meist eine Lokomotive zu sehen und dahinter ein glühender, grellgelb-roter Feuerstrahl. Das ist flüssiger Stahl! Im Dunkeln wirkt das fantasmagorisch – der Anblick ist absolut sehenswert. Aber auch tagsüber ist das Eisenwerk in jedem Fall einen Abstecher wert. Ab Dillingen dann verwandelt sich die Strecke in einen atemberaubenden Weg durch Wälder, über Hügel und durch malerische Orte wie Mettlach, und weiter gehts nach Saarburg bis Trier, wenn man möchte.

Eine ganz andere Route ist die B268, sie wird auch die »Vogelfluglinie« genannt und führt praktisch von Gibraltar zum Nordkap. Im Saarland führt sie hügelauf, hügelab sowie durch moderne Wohngegenden wie Riegelsberg und Heusweiler. Hier sieht man, dass in fast jedem Ort noch Traktoren hinter den Häusern stehen und es viele Pferde gibt. Weiter geht es durch Wälder und an Feldern vorbei nach Lebach und Schmelz in den Norden des Saarlands, am Losheimer Stausee vorbei, bis auch diese Route Trier durchquert.

Die B41 wiederum führt von Saarbrücken über St. Ingbert nach St. Wendel durch den mittelalterlichen Teil des Saarlands. Ottweiler und einige kleinere Gemeinden liegen auf dem Weg, bis die Straße schließlich in Idar-Oberstein längs über die Nahe führt. Ja, richtig, sie überquert nicht nur den Fluss, er wurde regelrecht unter der Straße verbaut. In Bad Kreuznach schließlich trifft die B41 auf die A61 und endet dort.

Auch zahlreiche Querverbindungen, z. B. von Dillingen vorbei am Litermont und Lebach nach Neunkirchen oder Homburg, sind lohnenswert.

Das Schöne an einer Autofahrt ist, dass man jederzeit anhalten kann, um einen Spaziergang zu machen, etwas zu essen, durch die Städte zu bummeln und einfach den Tag zu genießen.

Das Saarland ist eine Reise wert – ob Sie mit dem Auto fahren, ...

Unterwegs auf dem Drahtesel oder Schusters Rappen

Neben den ausgezeichneten Routen für Radfahrer, die durch die Natur führen, sind viele andere Fahrradwege leider nicht wirklich ausgebaut, auch wenn die Kommunen sich sichtlich darum bemühen. Wenn Sie eine Fahrradreise durchs Saarland planen, denken Sie zudem daran, dass es hier bergauf und bergab geht – es gibt nur wenige Wege ohne massive Steigungen.

Das Radwegenetz führt meist entlang der verkehrsreichen Hauptstraßen und man teilt sich die Fahrbahn mit dicken Lastern und Pkws. An der Saar schlängelt sich der sogenannte Leinpfad von Merzig bis nach Saargemünd in Frankreich. Aber auch hier geht es ab und zu über Bundesstraßen. Für eine Tour mit Kindern ist die gesamte Strecke nicht zu empfehlen. Von Saarbrücken nach Süden bis ins Nachbarland ist die Fahrradstrecke dagegen wirklich klasse und vor allem ungewohnt eben. Toll ist es auch, von

... mit dem Fahrrad oder die Natur lieber zu Fuß erkunden.

Auch querfeldein lässt es sich im Saarland trefflich wandern.

Merzig aus Richtung Norden zur Saarschleife zu radeln (siehe Seite 261).

Manchmal denke ich, es muss ein Saarländer gewesen sein, der die Elektrobikes erfunden hat. Meine Landsleute sind einfach keine typischen Radfahrer – als Beleg für diese These kann ich anführen, dass wir bisher keinen Sieger der Tour de France gestellt haben.

Das Saarland hat das selbstverständlich erkannt und flugs eine Alternative gefunden: Wir sind jetzt ein Wanderland.

Professionelle Scouts erkunden die Natur und beschreiben Wanderrouten, die kurzerhand zu Premiumwanderwegen erklärt werden. Diese Pfade sind außergewöhnlich und werden gerne und viel frequentiert. Doch obwohl unzählige Wanderfreunde unterwegs sind, sind diese Routen nie überlaufen. Nur wenige sind für Kinderwagen und Rollstühle geeignet, so wie der Premiumspazierweg an der Saarschleife. Meist geht es über Stock und Stein, durch und über Felsen, steile Schluchten und abenteuerliche Höhen. Dafür gibt es eine der üblichen unverzichtbaren Apps: Schauen Sie einfach im Google Store oder bei iTunes nach: »Saarland Wanderwege«. Diese App bietet ne-

Eine Maschine am Flughafen in Ensheim.

ben Karten auch GPS-Funktionen und ist kostenlos.

Für Kids ist diese Art der Fortbewegung ein besonderer Spaß, rennen sie doch die Strecke mehrmals: einmal mit uns, dann voraus, wieder zurück, weil wir nach Luft ringen und verschnaufen müssen, also erneut vor und dann zu einem Aussichtspunkt, an dem sie auf uns warten.

In früheren Kapiteln sind bereits einige Premiumwanderwege erwähnt worden, so die um den Litermont und um die Saarschleife oder durch den Urwald bei Saarbrücken. Aber es gibt noch viele andere zu entdecken.

Über den Wolken … – Flughäfen im Saarland

Neben den kleinen Pisten, etwa in Bexbach und Marpingen, haben wir auch einen richtigen Flughafen, einen internationalen sogar, auf dem große Jets starten und landen. Wie es sich für eine Landeshauptstadt gehört, verfügt Saarbrücken dank Air Berlin sozusagen über eine Luftbrücke mit der Bundeshauptstadt: Die

Route wird mehrmals täglich geflogen. Zusätzlich steht Hamburg auf dem Plan. Zahlreiche Charterflüge führen zu den diversen Urlaubsdestinationen rund ums Mittelmeer. Über Berlin und Hamburg erreicht man die ganze Welt, z. B. München.

Zudem ist Luxemburg nicht weit entfernt; und für die, die gerne billig fliegen, kommt der Flughafen Hahn auf dem Hunsrück infrage.

Ich liebe den Flughafen Ensheim, diesen kleinen, gemütlichen provinziellen Airport. Er ist für mich einfach perfekt. Ich starte sehr oft beruflich von hier aus und freue mich jedes Mal auf die reibungslose Anfahrt, das unproblematische Parken, die beschauliche Empfangshalle und die freundliche Abfertigung. Auch bei der Kontrolle ist man gut eingespielt, sodass sie nicht nervt. Aber das hat sich ja inzwischen bei vielen Flughäfen grundlegend verbessert. Die Angestellten, die mich abtasten und meinen Rucksack durchwühlen müssen, sind ohne Ausnahme nett. Ich schreibe das nicht nur, damit ich das nächste Mal nicht gefilzt werde, sondern es ist so!

Vor einigen Jahren kam ich auf die Idee, dem Großvater meiner Ehefrau, einem eingefleischten Feuerwehrmann, einen Lokaltermin bei der Flughafenfeuerwehr zu schenken.

Es wurde ein abwechslungsreicher Tag. Wir saßen in einem der beiden Pantherlöschfahrzeuge – beide mit jeweils über 900 PS –, bestaunten den Gerätefuhrpark und waren schlicht erschlagen von der Vielfalt der Löschwerkzeuge und dem Wissen, das ein Feuerwehrmann am Airport haben muss. »Wenn so eine Kiste in Flammen aufgeht, hat man nur wenige Sekunden. Brennendes Aluminium löschen Sie nicht mehr!«

Das erinnerte mich an frühjugendliche Experimente meinerseits, als ich Schwarzpulver gemixt und es mit Aluminiumpulver verstärkt habe, weil ... lassen wir das.

»Wissen Sie«, sagte der Feuerwehrmann. »Wir sind der Notlandehafen von Frankfurt, wenn da eine Maschine Probleme beim Landen hat und es brenzlig wird, dann lotsen sie den Flieger um zu uns. Daher der große Aufwand.«

»Aha, verstehe.«

»Na, junger Mann?« Der Profi schaute gütig auf meinen damals dreijährigen Sohn. »Dieser rote runde Riesenknopf, der juckt doch, oder?«

Sohnemann nickte. Auf dem Rollfeld spazierten Passagiere, um ihr Flugzeug zu erreichen und die Stahltreppe zu erklimmen, auf dem Weg in den wohlverdienten Urlaub in die Türkei.

»Dann drück doch.« Ich kann bis heute kaum glauben, dass der Feuerwehrmann das tatsächlich gesagt hat, aber ...Ehe ich es verhindern konnte, blitzten und drehten sich blaue Lichter und dröhnte das Martinshorn. Völlig verblüfft musste ich mit ansehen, wie Menschen in Panik die Treppe hinabstürmten, um Zuflucht im Gebäude zu suchen. Es dauerte einige Minuten, ehe sich die Lage beruhigte. In dieser Zeit lugte mein Sohn auf einen Bildschirm, der mit der Kamera im Hauptspritzrohr verbunden war. Mit einem Joystick steuerte er diesen Monitor hin und her, die fliehenden Fluggäste exakt im Fadenkreuz. Also wenn ich da draußen geflüchtet wäre, diese Kanone zwischen den Blaulichtern auf mich gerichtet, ich weiß nicht ... Nachträglich möchte ich die Gelegenheit nutzen und mich dafür endlich entschuldigen, das war lange fällig.

Der ÖPNV im Saarland

Ehrlich gesagt, vergessen Sie öffentliche Verkehrsmittel ganz schnell. Im Saarland ist man am besten und sichersten mit dem Auto unterwegs.

Lediglich die größeren Kreisstädte haben Bahnhöfe, die mehr oder weniger regelmäßig angefahren werden. Die Schienenstränge ziehen sich entlang der Saar (nach Trier) und auf der Westseite über Neunkirchen nach Homburg, St. Wendel und Ottweiler (auf dem Weg nach Mainz). Die sogenannte Saarbahn bahnt sich ihren Weg alle halbe Stunde zuweilen bis nach Lebach. Fahrkarten sind sehr teuer und bereits kurze Wegstrecken gehen erheblich ins Geld. Es lohnt sich, im Web nach Sonderangeboten während der Ferienzeit zu suchen.

Eine Ost-West-Vernetzung gibt es praktisch nicht. Samstags oder sonntags verkehren nur wenig Züge. Busanschlüsse sind schwierig zu managen. Die Buslinien sind oft privatisiert, fahren im Namen der Öffentlichkeit und verbinden in erster Linie Schüler mit ihren Schulen und Angestellte und Arbeiter mit ihrem Arbeitsplatz. Demnach ist auch hier der Fahrplan am Weekend zumeist dünn.

Im Saarland gibt es noch mehrere historische Bahnhofsgebäude, so auch das in Luisenthal.

Eine Fahrt mit dem Nahverkehrszug der SNCF von Saarbrücken nach Straßburg ist allerdings eine Traumreise, die man sich ruhig gönnen darf. Etwa eindreiviertel Stunde dauert die Fahrt auf einer der schönsten Bahnstrecken, die ich kenne. Und auch wenn man beim Lesen der Stationsnamen stutzen mag, sie führt wirklich durch Frankreich. Blamiert hat sich zuletzt Monsieur Sarkozy, als er sich in einer am 20. Januar 2011 im elsässischen Truchtersheim gehaltenen Rede in Deutschland wähnte …

Survivaltipps für Ihren Saarlandtrip

Uns ist es egal, woher Sie kommen, wir haben weder Einreisebestimmungen noch Zollvorgaben, es sei denn, Sie reisen über Luxemburg oder Frankreich ein. Dank des noch existierenden Schengenabkommens, was nationale Europapolitiker am liebsten abschaffen möchten, sind aber auch die Einreise aus dem Ausland und die Ausreise noch relativ problemlos.

Bundesrepublikanisch Versicherte benötigen auch keine europäische Krankenversicherungskarte. Ärzte und Apotheker sprechen bei uns meist Deutsch, selbst diejenigen mit arabischen und anderen fremdsprachlich klingenden Namen. Oftmals sind deren Deutschkenntnisse sogar besser als die von uns Einheimischen.

Touristische Auskünfte erteilt jedes Rathaus mittels Broschüren. Einige davon wurden obendrein ins Französische übersetzt, aber kaum in nennenswerter Anzahl, sogar entlang der Grenzlinie sucht man sie vergebens. Überhaupt: Im Saarland spricht kaum jemand Französisch, es sei denn, Sie treffen ausgerechnet auf einen Bürger des Nachbarstaates. Es gibt viele Deutsche, die hinter die Grenze ziehen und bis heute nicht eine anständige Begrüßung auf Französisch äußern können, außer vielleicht *Bonjour*. Und da müssen sie auch gleich nachdenken, ob das ein oder zwei Wörter sind. Und dabei ist die Universität des Saarlandes der Sitz des Deutsch-Französischen Dolmetscherinstituts. Keine andere Uni bildet eine solche Menge Dolmetscher aus.

Sie brauchen auch keinen Adapterstecker, wir nutzen den mitteleuropäischen Schukostecker bei 230 Volt.

Saarländer sind meist freundlich, erkennen Zugezogene auf 100 Meter gegen den Wind, bleiben aber höflich und herzlich. Viele, die zu uns gekommen sind, wollen nie wieder weg, und manche, die hier geboren wurden, können es gar nicht abwarten wegzuziehen. So ist das.

Im Geschäftsleben tragen wir Krawatten auf halb acht, also einen offenen Knoten, der zudem schief am Kragen hängt – auch daran erkennt man den Unterschied zu den Nichteinheimischen, deren Krawattenknoten stets korrekt gebunden ist.

Das Saarland akzeptiert seit Januar 2002 den Euro, wie fast alle angrenzenden Länder und Staaten. Außerdem können Sie an vielen Stätten mit Kreditkarten bezahlen. Doch manche von uns sind vorsichtig: Nur Bares ist Wahres. Haben Sie also immer auch einen Vorrat an Euroscheinen und genügend Münzen dabei. Auch wenn wir ansonsten experimentierfreudig sind, beim Geld ist so mancher Saarländer konservativ.

Des Weiteren haben auch wir die Notrufnummer 110 und 112, was nicht selbstverständlich ist. Und es war nicht leicht, die Notrufnummern an einer einzigen Stelle zu koordinieren. Es dauerte – aufgrund der Weitläufigkeit des Saarlands – verständlicherweise Jahrzehnte, bis es endlich so weit war.

Klimatisch ist es gleich, wann Sie uns besuchen, jede Jahreszeit hat ihren Reiz. Die Winter sind mild. Es sei denn, es schneit kräftig, was überraschenderweise eigentlich nur montagmorgens der Fall ist, wenn man im Berufsverkehr steckt. Dieser Schneefall hält aber selten an. Wenn der Bürgersteig freigekratzt ist und auch der Letzte im Megastau seinen Arbeitsplatz erreicht hat, wenn die Schüler gerade wieder nach Hause geschlingert sind, dann ist die weiße Pracht größtenteils schon dahin. Wir haben allerdings einige Höhenlagen, die zwischen 200 und 600 Metern liegen, und dort kann das durchaus anders sein. Dort erleben Sie dann vielleicht ein Wintermärchen. Schneeketten benötigen Sie dafür jedoch eher nicht.

Im Frühling kommt meist noch ein kurzer Kälteeinbruch, manchmal glaube ich, die Eisheiligen und die Schafskälte sind eine saarländische Erfindung.

Die Sommer sind trocken oder nass, kalt oder heiß, je nach großeuropäischer Kontinentalwetterlage. Erstaunlicherweise sieht man an unserem Miniland, wie schwierig eine exakte Wettervorhersage ist. Dafür haben wir aber die »Wetterstation Saar« auf Facebook: Dominik Eder erstellt dort treffsichere Prognosen und erklärt komplizierte Zusammenhänge. Schon 2004 registrierte er die gleichnamige Homepage, um in erster Linie seine Freunde über das Wetter im Saarland zu informieren. Schnell entwickelte sich daraus ein Projekt, an dem sich zahlreiche Bürgerinnen und Bürger durch ihre Wettermeldungen beteiligten. Die Facebook-Seite zählt nunmehr bereits mehr als 25 000 Fans. Abgesehen davon gilt weiterhin: Beachten Sie die aktuelle Lage in Paris, sechs bis acht Stunden später haben wir dasselbe Wetter hier bei uns.

Auch der Winter hat seinen Reiz bei uns – Schneeverwehungen in den Höhenlagen.

Weil wir so große Waldgebiete besitzen, ist der Herbst die beste Saison zum Wandern. Dann ist es angenehm kühl, ein leichter Sprühregen umnebelt die Sinne und die Bäume sind so bunt wie sonst nur im Indian Summer an der Ostküste Kanadas.

Also, es gibt keinen einzigen Grund zu zögern. Packen Sie ihre Sachen (oder noch besser, kaufen Sie alles bei uns) und auf geht's ins Saarland. Sie werden es nicht bereuen.

Einmal muss Schluss sein

Ein kleines Nachwort

Ein Buch wie dieses hier kann nicht vollständig sein. Viel zu viele Städte und Gebäude, Vereine und Museen, Veranstaltungen und Orte habe ich ausgelassen, auslassen müssen.

Es bleibt auch eine Herausforderung, im Zeitalter von Google Earth und Streetview, Premiumwanderwege-Apps und Milliarden Fotos auf Facebook und Co. ein Reisebuch zu gestalten.

In den Städten und Gemeinden warten zahlreiche Ecken und Winkel darauf, von Ihnen entdeckt zu werden. Unzählige Museen und Ausstellungen, meist von privater Hand organisiert und betreut, bieten einen unvergleichlichen Luxus: Geschichte und Tradition, Vergängliches und Funkelnagelneues dicht beieinander.

Künstlertreffs wie das Quartier am Nordausgang des Bahnhofs Saarbrücken, Galerien rund um den St. Johanner Markt und Kunstcafés in all unseren Städte laden Besucher ein und bereichern das Leben auf ganz eigene Art und Weise.

Manche Einrichtungen entstehen und vergehen allerdings schneller, als ein Lektorat möglich ist. So habe ich die Rubrik »Restaurants« gestrichen, weil drei der von mir im Ursprungsmanuskript präsentierten noch während der Redaktion des Textes geschlossen worden sind. Nebenbei bemerkt, habe ich bei uns noch nie einen Wirt verklagen müssen, weil sein Essen nicht geschmeckt hätte, ob in einem Luxusgourmettempel oder einem Landgasthof.

Schmökern Sie in Buchhandlungen und bummeln Sie über Wochenmärkte, kaufen oder verkaufen Sie auf den Trillionen von Flohmärkten. Stöbern Sie in speziellen Boutiquen, entdecken Sie Interessantes und beinahe Vergessenes in Antiquariaten.

Wandern Sie oder genießen Sie Theater, handgemachte Musik, Lyrik, Krimilesungen. Erforschen Sie gewaltige Industriedenkmäler, um gleich anschließend Ruhe auf einem wunderbaren Waldweg oder in einem Blumengarten zu erleben.

Viel Spaß und Erholung wünsche ich Ihnen. Was immer Sie bei uns suchen, mögen Sie es finden.

Viele Gässchen und Plätze, wie hier der St. Johanner Markt in Saarbrücken, laden bei uns zum Flanieren ein. Und einen guten Latte Macchiato bekommt man auch vielerorts.

Ausgewählte Webadressen zu hier genannten Themen und Orten

»Das sinn mir«
www.saarschleifenland.de/Media/Attraktionen/Saarschleife-mit-Aussichtspunkt-Cloef

Dicke Viecher und stämmige Kerle
www.gondwana-das-praehistorium.de
www.erlebnisort-reden.de/
www.biosphaere-bliesgau.eu
www.blieskastel.de/kultur-tourismus/sehenswertes/der-gollenstein/
www.rentrisch.de/index.php?id=360

Mediterraner Eintopf
www.nennig.de/sehenw/nennig.html
www.villa-borg.de/
www.terrexggmbh.de/html/wir_uber_uns.html
www.europaeischer-kulturpark.de/
www.roemermuseum-schwarzenacker.de/

Das Kreuz mit dem Kreuz
www.puettlingen.de/puettlingen/tourismus/sehenswuerdigkeiten/Martinskirche.php?navid=143
www.saarbruecken.de/tourismus/sehenswertes/sehenswuerdigkeiten/schlosskirche
www.haertelwald.de/
www.sankt-wendelinus.de/
www.zeitensprung.de/arnpub07.html
www.evangelisch-altsaarbruecken.de/index.php?content_id=5271&language_id=1

Walle! Walle, Festungswalle ...
www.saarbruecken.de/tourismus
www.puettlingen.de/puettlingen/tourismus/sehenswuerdigkeiten/Burgruine_Bucherbach.php?navid=64
www.burg-montclair.de

Buddeln, was das Zeug hält
www.beckingen.de/content/beckingen/Tourismus/kupferbergwerk
www.location-guide.eu/front_content.php?idartlang=773&idart=720&idcat=350&id=205
dasunglueckvonluisenthal.de.tl/
www.erlebnisbergwerkvelsen.de/
www.saarl-bergbaumuseum-bexbach.de/
www.spiegel.de/panorama/saarland-kohleabbau-loest-erdbeben-mit-staerke-4-0-aus-a-537345.html
www.historische-salzhäuser.de/index.php?option=com_content&view=article&id=287&Itemid=31

Heiß geht es her
www.beckingen.de/content/beckingen/Tourismus/kupferbergwerk
www.neunkirchen.de/aha.html
www.voelklinger-huette.org/

Die (Saar-)Franzosen
www.facebook.com/westwall.de/?fref=ts

Heulen und Zähnefletschen
www.zoo.saarbruecken.de/
www.neunkircherzoo.de/
www.wolfspark-wernerfreund.de/

»Jedem sei Gärdsche mit Gemies und Blume«
www.saarbruecken.de/leben_in_saarbruecken/freizeit/deutsch_franzoesischer_garten
www.erlebnisbad-calypso.de/
www.saarland-schwimmbund.de/sport/schwimmen-im-saarland/hallenbaeder
www.region-neunkirchen.de/index.php?id=14
www.saarschleifenland.de/Media/Attraktionen/Garten-der-Sinne

Mehr Wanderwege als Straßen
www.urlaub.saarland/Reisethemen/wandern/Alle-Premiumwege
https://play.google.com/store/apps/details?id=de.alpstein.alpregio.Saarland&hl=de
www.saarforst.de/urwald-projekt-mainmenu-161/willkommen-im-urwald-vor-den-toren-der-stadt-mainmenu-162?task=view&id=327
www.tourist-info.mettlach.de/de/

Achterbahnfahrten der gemütlichen Art
www.bostalsee.de/aktiv/?gclid=COL1wMr_gMoCFagLcwodcqoDWQ
www.centerparcs.de/de-de/deutschland/fp_BT_ferienpark-park-bostalsee
www.losheim-stausee.de/tourismus.html
www.losheim-stausee.de/tourismus/museumsbahn/fahrtterminezeiten.html
www.nonnweiler.de/index.php?id=32
www.saarbruecken.de/leben_in_saarbruecken/freizeit/grillstellen/bezirk_west/burbacher_waldweiher
www.mein-schaumberg.de/
www.das-erlebnisbad.de/
www.industriekultur-ansichten.com/orte/deutschland/147-haldenblicke
www.hikr.org/tour/post14435.html
www.nalbach.de/wandern-in-nalbach.html
www.erlebnisort-reden.de/aktuelles/veranstaltungen/
www.premiumwandern.com/premiumwege/saarland/merzig_wadern/hoehentour.html

Stattliche Städte
www.saarbruecken.de/tourismus
www.saarbruecken.de/de/tourismus/radfahren_und_wandern/wandern/spaziergaenge/saarbruecker_felsenwege

www.saarbruecken.de/leben_in_saarbruecken/freizeit/im_gruenen/
  buergerpark_hafeninsel
www.saarbruecken.de/tourismus/sehenswertes/sehenswuerdigkeiten/
  schlosskirche
www.saarbruecken.de/kultur/museen_und_galerien
www.saarlouis.de/
www.tourisme-alsace.com/de/246001403-Neuf-Brisach.html
www.sankt-wendelinus.de/
www.sankt-wendel.de/tourismus/
www.sankt-wendel.de/kultur/einrichtungen/strasse-der-skulpturen/
www.neunkirchen.de/touristik-freizeit/touristik-und-freizeit.html
www.ottweiler.de/tourismus/
www.homburg.de
www.uniklinikum-saarland.de/de/
www.st-ingbert.de/freizeit.html
www.merzig.de/tourismus/sehenswertes/sehenswuerdigkeiten/kirchplatz
www.merzig.de/tourismus

Gerümpel oder Schätze?
www.uhrenmuseum.saarland/
www.merzig.de/tourismus/sehenswertes/sehenswuerdigkeiten/
  feinmechanisches_museum_fellenbergmuehle
www.keramikmuseum-mettlach.de
www.museum-alltagskultur.de

»Wellenreiten« in die ganze Welt?
www.sr.de/sr/sr1
www.unser-ding.de
streaming01.sr-online.de/sr1_1.m3u
www.salue.de/
www.saarbruecker-zeitung.de/
www.kulturbesitz.de/museen/deutsches-zeitungsmuseum.html

Schwenker, Schwenker und ... Schwenker
www.saargudd.de/schwenker-und-geschenke/saarschwenker

Gaukler, Zauber und Malerei
www.staatstheater.saarland
www.de-keller.de/
www.drachenwinkel.de
fark-messe.de/
www.theater-blauerhirsch.de/
www.altstadtfest-saarbruecken.de/
www.mittelalterkalender.info/mittelaltermarkt/nach-bundesland/
  mittelaltermaerkte-feste-termine-2016-bundesland-saarland.php
www.stadtfeste-in-deutschland.de/saarland.html
www.mittelaltertage-sb.de/
www.bosener-muehle.de/
www.kuenstlerhaus-saar.de/index.php/ueberblick.html
www.kuba-sb.de/

www.hbksaar.de/galerie/
museum-haus-ludwig.saarlouis.de/
https://bibliothek.sankt-wendel.de/
www.museum-schloss-fellenberg.de
www.galerie-am-staden.de/gernot-w-neuheisel/
https://www.kulturbesitz.de/museen/saarlandmuseum-moderne-galerie.html

Reisen im Saarland
https://saarvv.de/
https://www.urlaub.saarland/Reisethemen/Radfahren/Radwege-Saarland
www.flughafen-saarbruecken.de/
www.wetterstation-saar.de

Sonnenuntergang am Bostalsee.

Ortsregister

Besseringen 123
Bexbach 87,
Bliesbruck-Reinheim (Keltische und römische Museumsanlage) 51
Bliesgau 30, 134
Blieskastel 32,197
Borg (Perl) 42,
Bostalsee 154, 176,240
Diefflen 237
Dillingen 16, 237, 244
Dollberg (Berg) 148
Düppenweiler (Kupfermine und Kupferhütte) 78, 92
Fechingen 54
Finkenrech 31, 129
Gondwana (Reden) 20
Halberg (Saarbrücken) 54, 206
Härtelwald (Marpingen) 60
Heusweiler 74, 245
Hochwald 134, 149
Homburg 69, 181
Köllerbach (Püttlingen) 54, 72, 190
Litermont (Berg) 78,92, 150
Losheim (Stausee) 156,
Luisenthal 84, 252
Marpingen 60, 249
Merzig 132, 187, 197,247,
Merzig (Garten der Sinne) 132
Merzig (Wolfspark) 114
Mettlach 138, 200,236, 244
Montclair (Burg) 70
Nennig 39
Neuhaus (Saarbrücken) 16, 137
Neunkirchen 94, 130, 177
Neunkirchen (Zoo) 118
Nonnweiler 148, 158
Ommersheim (Mandelbachtal) 159
Ormersheim (Mandelbachtal) 53
Orscholz (Saarschleife) 139
Ottweiler 179, 246
Otzenhausen 148
Püttlingen 16, 72, 77, 83, 153, 190
Reden 153, 236
Rentrisch (St. Ingbert) 32
Riegelsberg 16, 60, 108, 159, 245,
Rubenheim 202
Saarbrücken 36, 56, 67, 108, 159, 160,206,217,234,238,242,246, 249, 256
Saarbrücken (Zoo) 114
Saarlouis 170, 238,
Saarschleife 14, 70, 135,138, 189, 248
Schaumberg 50, 142,173,
Schimmelkopf (Berg) 148
Schwarzenacker (Römermuseum) 37, 51
Schwarzenburg (Lockweiler) 74
Spicherer Höhen (Saarbrücken) 108, 112, 126,
St. Arnual (Saarbrücken) 37, 56,168,
Tholey 30, 142, 148, 173,
Velsen (Erlebnisbergwerk) 85
Völklingen 16, 84, 244
Völklinger Hütte 98
Weißkirchen 148
Wiesbach 200

Idyll bei Saarbrücken.

Eindrücke vom Schlosspark in Illingen.